Der Verstoß gegen die allgemein anerkannten Regeln der Baukunst.

Von

Dr.-Ing. Alfred Berlowitz,
Berlin-Schöneberg.

Springer-Verlag Berlin Heidelberg GmbH
1915.

ISBN 978-3-662-24281-0 ISBN 978-3-662-26395-2 (eBook)
DOI 10.1007/978-3-662-26395-2

Sonderabdruck aus der
Zeitschrift des Verbandes Deutscher Architekten- und
Ingenieur-Vereine.

Inhaltsverzeichnis.

Literatur.

Olshausen, Kommentar zum Strafgesetzbuch für das Deutsche Reich. 9. Auflage. Berlin 1912.

Frank, Das Strafgesetzbuch für das Deutsche Reich, Tübingen. 11.—14. Auflage. Tübingen 1914.

Holtzendorff, Handbuch des deutschen Strafrechts. 3. Band Berlin 1874.

Binding, Lehrbuch des gemeinen deutschen Strafrechts. 2. Band. 2. Auflage. Leipzig 1904.

Rubo, Kommentar über das Strafgesetzbuch für das Deutsche Reich. Berlin 1879.

Oppenhoff, Das Strafgesetzbuch für das Deutsche Reich. 14. Auflage. Berlin 1901.

Rüdorff, Kommentar zum Strafgesetzbuch für das Deutsche Reich. 4. Auflage. Herausgegeben von M. Stenglein. Berlin 1892.

Schwarze, Kommentar zum Strafgesetzbuch für das Deutsche Reich. 5. Auflage. Leipzig 1884.

Berner, Lehrbuch des deutschen Strafrechts. 18. Auflage. 1898.

Allfeld, Lehrbuch des deutschen Strafrechts. 7. Auflage. Leipzig 1912.

Hälschner, Das gemeine deutsche Strafrecht. 2. Band. Bonn 1887.

v. Liszt, Lehrbuch des deutschen Strafrechts. 19. Auflage. 1912.

v. Rohland, Die Gefahr im Strafrecht. 2. Auflage. Leipzig 1888.

Siebenhaar, Der Begriff der Gemeingefährlichkeit und die gemeingefährlichen Delikte nach dem Reichsstrafgesetzbuch. Zeitschrift für die gesamte Strafrechtswissenschaft. 4. Band.

Althans, Die gemeingefährliche Bauführung. Leipzig 1909.

Schneider, Die Baugefährdung. Breslau 1906.

Motive zum Strafgesetzbuch für den Norddeutschen Bund.

Juristische Wochenschrift, Jahrgang 1908.

Zeitschrift für Gerichtspraxis und Rechtswissenschaft in Deutschland. Herausgegeben von M. Stenglein. Band 6 und 7.

Rechtssprechung des deutschen Reichsgerichtes in Strafsachen. Band 5.

Entscheidungen des Reichsgerichts in Strafsachen (abgekürzt E.) Bd. 5, 6, 9, 10, 21, 23, 25, 26, 27, 28, 29, 31, 39, 44, 47.

Archiv für Strafrecht, begründet durch Dr. Goltdammer (abgekürzt Goltd. A.) Bd. 38, 43, 45, 47, 48, 50, 53 und 56.

1. Einleitung.

An zwei verschiedenen Stellen beschäftigt sich das deutsche Strafgesetzbuch direkt mit dem Baugewerbe: § 367 Nr. 13—15 behandelt einzelne Uebertretungen polizeilicher Art, die mit geringer Geldstrafe, höchstens mit Haft geahndet werden; § 330 aus der Gruppe der gemeingefährlichen Vergehen und Verbrechen trifft die Baugefährdung und bestraft sie mit hoher Geldbuße bzw. mit Gefängnis. Die klaren und eindeutigen Polizeivorschriften des § 367 Nr. 13—15 pflegen allgemein bekannt zu sein und sind leicht zu befolgen. Nicht so einfach ist dagegen die durch § 330 geschaffene Rechtslage, die jedoch wegen ihrer Bedeutung für den Baubetrieb ebenfalls jedem Baugewerbler geläufig sein sollte.

Leider ist es nun dem Techniker nicht ohne weiteres möglich, die erwünschte Rechtsbelehrung aus der juristischen Literatur zu schöpfen, da der Jurist fast ausschließlich mit Begriffen arbeitet, der Techniker dagegen mehr anschaulich zu denken gewohnt ist. Der eine konstruiert Begriffe und subsumiert ihnen die praktischen Fälle, der andere beobachtet zunächst die einzelnen konkreten Beispiele und folgert aus ihnen auf empirischem Wege die allgemeinen Gesetze. Bei dem Versuch nach Rechtsbelehrung ist der Techniker daher in erster Linie auf das Studium des in der Rechtsprechung, insbesondere in den Reichsgerichtsentscheidungen niedergelegten umfangreichen Materials angewiesen; erst dieses macht ihm die einzelnen Strafrechtskommentare und damit die Gesetzesvorschrift selbst verständlich. Da den im Berufe stehenden Praktikern zu dieser Arbeit jedoch in der Regel Zeit und Gelegenheit fehlt, gleichwohl das Interesse nach eingehender Rechtsbelehrung vielfach vorhanden sein dürfte, sei in folgendem die durch den § 330 gegebene Rechtslage und der durch die Praxis der Gerichte geschaffene Rechtszustand vom Standpunkte des Technikers näher untersucht und genau umgrenzt.

Sollte es mir hierbei gelungen sein, eine für den Techniker brauchbare Arbeit zustande zu bringen, so verdanke ich dies in erster Linie den wertvollen Anleitungen der Herren Oberlandesgerichtsrat Hampe und Prof. Stubbe, Braunschweig, denen auch an dieser Stelle meinen aufrichtigsten Dank auszusprechen ich nicht verfehlen möchte.

2. § 330 des Strafgesetzes für das Deutsche Reich.

Wer bei der Leitung oder Ausführung eines Baues wider die allgemein anerkannten Regeln der Baukunst dergestalt handelt, daß hieraus für Andere Gefahr entsteht, wird mit Geldstrafe bis zu neunhundert Mark oder mit Gefängnis bis zu einem Jahre bestraft.

3. Der Begriff Bau.

Das Gesetz spricht ganz allgemein von einem „Bau“ als dem Anlasse zur Ausübung des Vergehens, ohne jedoch diesen Begriff näher zu umgrenzen. Das ist vielmehr der Wissenschaft und der Rechtsprechung überlassen. Wie wir jedoch später sehen werden, gelingt es diesen nicht, den fraglichen Begriff restlos zu klären, denn der Ausdruck „Bau“ leidet von vornherein an zu großer Unbestimmtheit.

Das Naheliegendste ist, sich bei der Auslegung zunächst an den Sprachgebrauch zu halten. Leider kommt man hierbei zu keinem Aufschlusse, da nicht nur von Hoch-, Tief-, Erdbau usw., sondern auch von Maschinen- und Schiffsbau, ja sogar von Garten- und Feldbau gesprochen wird. Daß letztere beiden hier bestimmt ausscheiden, dürfte keinem Zweifel unterliegen, denn seiner ganzen Zweckbestimmung nach kann § 330 unmöglich etwas mit dem Früchtebau zu tun haben.

Einen weiteren Anhalt bei der Auslegung moderner Gesetze bietet üblicherweise die Verkehrsauffassung der beteiligten Kreise. Diese verstehen unter einem Bau schlechthin regelmäßig nur solche menschliche Arbeiten, die in einem mehr oder weniger festen Zusammenhange mit dem Grund und Boden stehen. Sei es nun, daß mit Hilfe von Materialien auf einem Grundstücke ein Werk errichtet wird, oder daß am Grund und Boden selbst irgend welche Arbeiten vorgenommen werden. Danach kommt also der Maschinen- und Schiffsbau hier regelmäßig nicht in Betracht, und es verbleiben der Hoch-, Tief-, Erd-, Wasser- und Bergbau.

Diese Auffassung der beteiligten Verkehrskreise steht auch durchaus im Einklange mit der Zweckbestimmung des

Gesetzes, so daß der Geltungsbereich des § 330 nunmehr in großen Zügen als festgelegt erscheint. Was jedoch im einzelnen als „Bau" zu rechnen ist, beurteilt sich ebenfalls wieder nach der Verkehrsauffassung und ist von Fall zu Fall zu entscheiden. Dabei gewähren die Entscheidungen der Gerichte mit ihren praktischen Beispielen und ihren eingehenden Begründungen einen wertvollen Führer zum näheren Verständnis. So heißt es z. B. im Urteil des K. württ. Kass. Hofes vom 29. September 1875[1]): „Der Beschränkung des im Gesetze gebrauchten Wortes „Bau" auf Hochbau steht der Sprachgebrauch unzweifelhaft entgegen, da man ebensogut von Wasserbau, Brückenbau, Straßenbau und Grubenbau, wie von Hochbau spricht, der Gesetzgeber mithin, wenn er seine Strafdrohung auf den Hochbau hätte beschränken wollen, sicher dieses Wort statt des Wortes „Bau" gebraucht hätte; ferner ist es nicht einzusehen, warum der Gesetzgeber bloß die Gefährdung durch einen Hochbau und nicht auch die Gefährdung durch die anderen, vorhin genannten Bauten, bei denen erfahrungsgemäß ebenso leicht wie beim Hochbau Andere in Gefahr versetzt werden können, hätte bedrohen wollen."

Dieselbe Auffassung des Begriffes „Bau" findet sich bei Holtzendorff[2]): „Damit ist der Einsturz von Bauten zu einer der gefürchtetsten Arten der Gemeingefahr geworden, von Häusern, von Gerüsten, Dampfschornsteinen, Schuppen und dergleichen."

In ähnlich weitem Sinne äußert sich Binding[3]): „Jede Errichtung und ordnungsgemäße Abtragung von Bauwerken schlägt hier ein, einerlei, ob es sich um Hoch- oder Tiefbau, Land- oder Wasserbau, Neubau oder bauliche Reparatur handelt." Fast gleichlautend ist die Ansicht von Liszt[4]): „Jede Bautätigkeit gehört hierher, Hoch- wie Tiefbau, Wasser- und Bergbauten, die Ausführung, das Umgestalten, das Abtragen von Gebäuden."

---

[1]) Zeitschrift für Gerichtspraxis und Rechtswissenschaft in Deutschland. Herausgegeben von M. Stenglein. Bd. 6, Nr. 3. S. 44.

[2]) Holtzendorff, Handbuch des deutschen Strafrechts. S. 910.

[3]) Binding, Lehrbuch des gemeinen, deutschen Strafrechts, besonderer Teil. Bd. 2, S. 104.

[4]) Liszt, Lehrbuch des deutschen Strafrechts. S. 513.

Nach alledem fallen unzweifelhaft in den Geltungsbereich des § 330:

1. Hochbauten: Häuser aller Arten, Fabriken, Schornsteine, Silos, Gasbehälter, Ställe, Schuppen usw. Ferner einzelne Konstruktionsteile, sobald sie, wenn auch nur zu vorübergehenden Zwecken, selbständig errichtet werden, z. B. Pfeiler oder Portale zur Ausschmückung von Straßen bei festlichen Gelegenheiten. Auch Primitivbauten wie Hütten und Lauben können hierher gehören, wenn auch im Einzelfalle Zweifel nicht ausgeschlossen sind.

2. Tiefbauten: Erdbau, einschließlich Gründungen, Wasserbauten, Brückenbauten, Straßen- und Eisenbahnbau, ausschließlich des rollenden Materials, Schächte, Stollenbauten usw.

Zu allen Bauausführungen, sowohl des Hoch- wie des Tiefbaues, sind in der Regel eine Reihe von Vorarbeiten notwendig, die, ohne einen Teil des Bauwerks selbst zu bilden, erst die Möglichkeit zu seiner Errichtung schaffen. Diese Vorarbeiten müssen sinngemäß ebenfalls im Geltungsbereiche des § 330 liegen, wenn er seine Aufgabe, das Publikum vor den Gefahren des Baubetriebes zu schützen, erfüllen soll. Demgemäß sagt denn auch das Reichsgericht[5]): „Dahin sind alle diejenigen Arbeiten zu zählen, welche zur Herstellung des Baues gehören oder ihr dienen, einen Teil des Baues bilden und ihn unmittelbar herbeiführen, selbst wenn sie nur vorbereitender Natur sind oder nach Fertigstellung des eigentlichen Baues in Wegfall kommen.“ An einer anderen Stelle[5a]) heißt es: „Denn wenn auch nicht bloß die Herstellung des Bauwerkes selbst, sondern auch die Ausführung von Hilfsbauten und Hilfsvorrichtungen, die nur vorbereitender Natur sind und nach Fertigstellung des eigentlichen Baues wieder in Wegfall kommen, von den Regeln der Baukunst beherrscht werden. . . . . .“

Praktische Fälle zeigen, daß z. B. ein Unternehmer, der bei Sprengarbeiten zur Schaffung des Planums für einen

---

5) E. Bd. 31, S. 180 und E. Bd. 39, S.417.

5a) E. Bd. 47, S. 426 ff.

Eisenbahnbau nicht die genügende Sorgfalt walten ließ, auf Grund des § 330 bestraft wurde.[6])

In gleicher Weise wie die Vorbereitungsarbeiten sind auch die Hilfs- und Nebenarbeiten einschließlich der Handhabung der Hilfsgeräte und Baugerüste dem § 330 unterzuordnen, und weitere Reichsgerichtsentscheidungen lehren, daß tatsächlich Gefährdungen durch unsachgemäße Rüstungen[7]) oder durch Verwendung fehlerhafter Leitern zum Heraufschaffen der Baumaterialien[8]) im Geltungsbereiche des § 330 liegen.

Nicht notwendig ist es, daß es sich stets um die Herstellung eines Bauwerkes im Ganzen handelt, auch einzelne Bauteile, z. B. die Herstellung eines Kellers unter einem bestehenden Hause, erscheinen als „Bauten“ im Sinne des § 330[9]).

Auch bei baulichen Ausbesserungen sind die allgemein anerkannten Regeln der Baukunst zu beachten, widrigenfalls Bestrafung auf Grund des § 330 eintritt. So wurde z. B. ein Handwerker verurteilt, der beim Ausbrechen nach vorn heraus gelegener Fenster im oberen Stockwerke eines Hauses es vergaß, Schutzvorrichtungen für das herabfallende Baumaterial anzubringen und dadurch Passanten gefährdete[10]).

Hiernach erstreckt sich der Geltungsbereich des § 330 noch auf:

3. Vorbereitungs- und Hilfsarbeiten im Baugewerbe, einschließlich der dabei gebrauchten Hilfsgeräte und Rüstungen.

4. Herstellung einzelner Bauteile und bauliche Ausbesserungen.

Schließlich bleibt noch zu erörtern, ob auch Abbrüche „Bauten“ im Sinne des § 330 darstellen. Das Reichsgericht hatte dies anfangs verneint[11]), in seinem Urteile vom 23. Ja-

6) E. Bd. 23, S. 277.
7) R. Bd. 10, S. 242.
8) E. Bd. 39, S. 417.
9) Vergl. Stenglein, Zeitschrift für Gerichtspraxis und Rechtswissenschaft in Deutschland. Bd. 6, Nr. 3.
10) Goldt. A. Bd. 56, S. 219.
11) E. Bd. 21, S. 142.

nuar 1894[12]) nimmt es jedoch den entgegengesetzten Standpunkt ein und betont ausdrücklich, daß sich der Senat bei erneuter Prüfung der Frage von der Unhaltbarkeit der seinerzeit aufgestellten Ansicht überzeugt habe und dieselbe fernerhin nicht aufrecht erhalte. Es heißt dann wörtlich: „Der Paragraph nämlich will Schutz gewähren gegen Gefahren, welche aus einem gewissen fehlerhaften Betriebe des Baugewerbes entspringen. Trägt man diesem Gedanken Rechnung, so hat man unter einem „Baue“ im Sinne des § 330 jede in das Gebiet der Bautätigkeit, der Ausübung des Bauhandwerkes fallende Tätigkeit zu verstehen, für deren Vornahme allgemein anerkannte Regeln der Baukunst von solcher Bedeutung, daß ein Zuwiderhandeln gegen sie mit Gefahr für Andere verbunden ist, bestehen. Eine solche Tätigkeit ist als Vornahme eines Baues anzusehen, ohne Rücksicht darauf, ob sie die Herstellung eines Bauwerkes bezweckt oder die Beseitigung eines solchen beabsichtigt, also sich als Abbruchsarbeit darstellt.“

In demselben Urteile tritt auch das Reichsgericht der aufgetauchten Ansicht entgegen, daß Abbrüche nur dann als Bauten im Sinne des § 330 aufzufassen seien, wenn sie lediglich notwendige Vorarbeiten für einen zu errichtenden Neubau darstellen und verficht den Standpunkt, daß jeder Abbau als solcher im Geltungsbereiche des § 330 liege.

Somit erweitert sich der Begriff „Bau“ im Sinne des § 330 St. G. B. schließlich noch auf:

5. Abbrüche der unter 1 bis 4 fallenden Konstruktionen.

De lege ferenda.

Nach Vorstehendem scheint zwar der Begriff „Bau“ der einheitlichen Rechtsprechung der Gerichte keine allzu großen Schwierigkeiten zu machen, aber dennoch kann man sich, wie schon angedeutet, des Eindruckes nicht erwehren, als ob das Wort „Bau“ im Strafgesetzbuche seiner zu allgemeinen Fassung wegen nicht sehr glücklich gewählt sei. Vor ungefähr 45 Jahren, als das heutige Strafgesetz Rechtskraft erlangte, hatte das Baugewerbe noch nicht die jetzige Höhe

---

[12]) E. Bd. 25, S. 90.

der Entwicklung erreicht. Damals waren die Betätigungsgebiete der einzelnen Handwerke und Gewerbe noch schärfer gegeneinander abgegrenzt, und daher verband man zu jenen Zeiten mit den verschiedenen Berufsbezeichnungen und Berufsschöpfungen wohl auch viel klarer umrissene Begriffe. Zudem waren damals die alltäglichen Werke der einzelnen Gewerbe derart einfacher Natur, daß die Kenntnisse und Fähigkeiten der Gewerbetreibenden zur Ausübung ihres Gewerbes völlig genügten. Dadurch blieb ein jeder mehr oder weniger in die Grenzen seines Berufes; ein Handinhandarbeiten, bzw. eine Vereinigung der verschiedensten Kräfte, wie sie im modernen Großbetriebe an der Tagesordnung ist, fand kaum statt. Diese Verhältnisse haben sich gründlich geändert. Welch kompliziertes technisches Gebilde stellt heute z. B. ein einfaches Wohnhaus dar mit Kanalisation, Zentralheizung und Warmwasserversorgung, mit Gas und elektrischem Lichtanschluß, mit Fahrstuhl, Staubsauger und Müllschlucker. Gewiß waren die einzelnen Einrichtungen auch schon früheren Zeiten bekannt, unsere alten Schlösser weisen z. B. fast durchwegs Zentralheizung auf, die alltäglichen Schöpfungen des Baugewerbes hielten sich jedoch am heutigen Maßstabe gemessen auf sehr bescheidener Höhe. Heute kann im Bauwesen ein einzelnes Gewerbe die üblichen Ansprüche nicht mehr befriedigen, heute müssen sich, um den Anforderungen des modernen Wirtschaftlebens genügen zu können, die verschiedenartigsten Berufe vereinigen. Dadurch werden aber die gegenseitigen Grenzen stark verwischt, und von einer Trennung der Betätigungsfelder kann kaum noch die Rede sein.

Mit diesem Uebergreifen eines Gewerbes in das Gebiet des anderen verlieren auch die Erzeugnisse ihren ausgesprochenen Charakter, und so gibt es heute eine ganze Reihe von Schöpfungen, bei denen man im Zweifel sein kann, ob sie z. B. als Bauwerke oder als Maschinen anzusprechen seien. Zu dieser Entwicklung hat auch der moderne Ingenieurbau wesentlich beigetragen, der heute Werke schafft, die dem früheren Baugewerbe völlig fremd waren. Man denke z. B. an Transportbrücken, an Schwebefähren, an Schwimmdocks und dergleichen, alles Gebilde, die durchaus nicht in die bisherige Systematik der Technik hineinpassen wollen und die infolgedessen eine Definition des Begriffes „Bau“ wesentlich erschweren.

Eine eigenartige Stellung nehmen z. B. die Fahrstühle ein, die als lastenfördernde Einrichtungen zweifellos Maschinen darstellen. Trotzdem wird ein Monteur, der beim Einbau eines Fahrstuhles in ein Wohnhaus die Regeln der Technik verletzt und dadurch Personen gefährdet, auf Grund des § 330 zweifellos bestraft.

Nicht recht geklärt sind ferner die Verhältnisse im Bergbau. Die Förderung von Erzen und Mineralien fällt nicht in den Geltungsbereich des § 330. Wie steht es aber z. B. mit dem Verbau der Stollen? Werden hierbei begangene Verstöße gegen die Regeln der Baukunst nach § 330 bestraft? Bei dem ganz ähnlichen Tunnelbau, für den dieselben Arbeitsvorgänge charakteristisch sind, kann doch ein Zweifel wohl nicht bestehen!

Ein weiterer markanter Fall, bei dem dieselben Fehler mit gegebenenfalls den gleichen Folgen ungleichartig gewertet werden können, ist z. B. noch folgender: Bei Schaffung eines Eisenbahnplanums im Abtrag bestehen die Bauarbeiten lediglich im Ausschachten. Werden hierbei z. B. durch Anlage zu steiler Böschungen Verstöße gegen die Regeln der Baukunst begangen, und tritt durch Erdrutschungen eine Gefährdung von Menschenleben ein, so erfolgt Bestrafung des Schuldigen auf Grund des § 330. Beim Ausschachten einer Kiesgrube zur Kiesgewinnung können die gleichen Verstöße begangen werden, ohne daß § 330 in Kraft tritt[13]).

Für das Empfinden des Technikers sind hier unzweifelhaft Widersprüche vorhanden, und diese verhindern, daß sich die Gesetzesvorschrift in wünschenswerter Weise im Bewußtsein der beteiligten Kreise festigt. Dadurch wird aber auch der Zweck des § 330, das Publikum vor den Gefahren des Baubetriebes zu schützen, und ein Gegengewicht gegen die gesetzliche Freigabe des Baugewerbes zu bilden, zum Teil illusorisch.

---

[13]) Vergl. hierüber E. Bd. 29, S. 71 und Bd. 47, S. 426 ff.

4. „Leitung“ und „Ausführung“ eines Baues und die „Allgemein anerkannten Regeln der Baukunst“.

Damit § 330 seine Aufgabe erfüllen kann, nämlich Schutz gegen Gefahren zu gewähren, welche aus einem gewissen fehlerhaften Betriebe des Baugewerbes entspringen, ist notwendigerweise Jeder als Subjekt des Vergehens denkbar, der sich berufsmäßig oder auch nur vorübergehend im Baufache betätigt. Dieser weiten Auffassung steht allerdings der Wortlaut des Gesetzes scheinbar entgegen, denn dort heißt es nur: „Wer bei der Leitung oder Ausführung eines Baues .... zuwiderhandelt“; es bedarf daher einer näheren Untersuchung, was die Rechtsprechung unter diesen beiden Funktionen versteht.

Leitung eines Baues.

Als Bauleiter wird derjenige angesehen, welcher „die mechanischen Kräfte für die planmäßige Gestaltung des Baues als eines Ganzen durch geistige Urheberschaft unmittelbar in Bewegung setzt, dessen Intelligenz und Wille die maßgebende Quelle sind für die Anordnungen und Maßregeln, welche zu diesem Behufe zu treffen sind“.[14])

Auf den ersten Blick scheint diese Charakterisierung des Bauleiters durch das Reichsgericht auf den projektierenden Architekten, bezugsweise Ingenieur hinzudeuten, also auf denjenigen, der verantwortlich die Baupläne und Zeichnungen entwirft und in der Regel den geistigen Urheber des Ganzen darstellt. Diese Auffassung würde jedoch in direktem Widerspruche mit einer anderen Reichsgerichtsentscheidung stehen,

---

[14]) Goldt. A. Bd. 46, S. 209.

in der es ausdrücklich heißt[15]): „In der bloßen Anfertigung des Planes und der Zeichnung, nach dem der Bau ausgeführt wurde, kann die Mitwirkung bei der Ausführung noch nicht ohne weiteres gefunden werden.“ Hierdurch wird zwar die Verantwortlichkeit des Projekteurs nicht bedingungslos ausgeschlossen, andererseits aber doch ein direkter Zusammenhang des Bauleiters mit der tatsächlichen Bauausführung verlangt. In diesem Sinne muß daher das sonst in der eingangs zitierten Definition schwer verständliche Wort „unmittelbar“ des Satzes, „der die mechanischen Kräfte unmittelbar in Bewegung setzt“, gedeutet werden. Dann herrscht auch völlige Uebereinstimmung mit der Auslegung des Begriffes Bauleiter in der anderen Reichsgerichtsentscheidung[16]), in der es heißt: „Als Bauleiter eines Baues kann nur der angesehen werden, welcher technisch die Art der Errichtung des Baues als eines Ganzen nach seinen Weisungen und Anordnungen bestimmt, derart, daß er denen, welchen die unmittelbare Ausführung der Bauarbeiten obliegt, technisch übergeordnet ist und die Ausführenden seinen Anordnungen, als denen des übergeordneten Technikers, grundsätzlich zu gehorchen haben.“ In dieser Charakterisierung kommt die nach dem Gesetz notwendige direkte Betätigung des Bauleiters auf der Baustelle klar zum Ausdruck.

Die Auffassung der Verkehrskreise versteht unter dem Bauleiter, im Gegensatze zu dem Bauführer, stets den obersten Techniker, der zwar nicht ständig auf der Baustelle anwesend zu sein braucht, der aber doch durch zeitweise Kontrollen den Bauvorgang stets im Auge behält und regelmäßig die höchste Instanz für alle zu treffenden Maßnahmen bildet. Herrschende Lehre und verkehrsübliche Ansicht decken sich also vollkommen. Bei gewöhnlichen Hochbauten wird in der Regel der Architekt, bei Ingenieurbauten der Oberingenieur der ausführenden Firma als Bauleiter im Sinne des Gesetzes in Frage kommen. Jedenfalls dürfte in der Mehrzahl der Fälle seine Person eindeutig bestimmt sein. Irgend welche Zweifel könnten höchstens bei behördlichen Bauausführungen entstehen, weil hier die offizielle Bauleitung gewöhnlich in

---

15) Goldt. A. Bd. 50, S. 390.
16) Goldt. A. Bd. 50, S. 390.

der Hand eines Beamten liegt, während tatsächlicher Bauleiter ein Beauftragter der Unternehmerfirma zu sein pflegt. Aus den vorher angeführten Reichsgerichtsentscheidungen geht jedoch hervor, daß ein offizieller Zusammenhang zwischen einer Person und einer Bauausführung keineswegs genügt, um sie zum Bauleiter im Sinne des § 330 zu stempeln. Diese Auffassung bestätigt die Reichsgerichtsentscheidung vom 7. Mai 1897[17]), in der es heißt: „Die Anwendung des § 330 ist von einer Anstellung oder Bestellung als Leiter des Baues nicht abhängig; nur darauf kommt es an, daß jemand mit der Leitung eines Baues tatsächlich befaßt ist, nicht darauf, aus welchen Rechtsgründen er die Leitung übernommen hat."

Danach ist bei behördlichen Bauten der Beauftragte der Unternehmerfirma als Bauleiter im Sinne des § 330 anzusehen; in seinem Pflichtenkreise liegt die Befolgung der Bauregeln und damit auch die Verantwortung für vorkommende Verstöße.

Ausführung eines Baues.

Ueber die bei der Bauausführung in Betracht kommenden Personen sagt das Reichsgericht in dem bereits angeführten Urteil vom 31. März 1898[18]): „Dem Bauleiter gegenüber stehen als die Ausführenden des Baues, deren der § 330 ebenfalls gedenkt, diejenigen, welche dieser Intelligenz und diesem Willen folgen, das körperliche Bild des Werks, sei es unmittelbar mit eigener oder mittelbar durch fremde Hand, verwirklichen. Wie der Bauleiter die Regeln der Kunst bzw. des Handwerks zu beobachten hat, rücksichtlich der in seinen Beruf fallenden Anordnungen, so auch jeder Ausführende rücksichtlich der von ihm übernommenen Arbeit. Der Gesetzgeber muß erwarten, daß sich beide im Besitz derjenigen Kenntnisse befinden, welche die Ausübung dieser Leistungen erfordert."

Dieser Personenkreis teilt sich im modernen Baubetriebe in 4 Gruppen, die Bauführer, Poliere, Handwerker und Arbeiter.

---

17) Goldt. A. Bd. 45, S. 263.
18) Goldt. A. Bd. 46, S. 209.

a) Bauführer.

Die Bauführer sind Unterorgane des Bauleiters und bilden das Mittelglied zwischen ihm und dem Polier. Ihre Tätigkeit ist weniger leitender als beaufsichtigender Natur und sie stehen infolgedessen, wie ihre Berufsbezeichnung schon besagt, der Bauausführung viel näher als der Bauleiter. Bestimmt der Bauleiter die Ausführung eines Baues als Ganzes, so beaufsichtigt der Bauführer die handwerksmäßige Errichtung des ganzen Baues.

Bei kleineren Bauten, vor allem solchen auf dem Lande, werden Bauleiter und Bauführer oftmals in einer Person vereinigt sein, auf größeren Baustellen dagegen sind in der Regel mehrere Bauführer tätig, teils als Vertretung der Bauleitung, teils als Beauftragte der ausführenden Firmen. In welchem Verhältnis diese gleichwertigen Kräfte in bezug auf die durch § 330 geschaffene Rechtslage zueinander stehen, soll weiter unten erläutert werden.

b) Poliere und Meister.

Zwischen den Bauführern einerseits und den Handwerkern und Arbeitern andererseits stehen im modernen Baubetriebe die Poliere und Meister. Auch sie üben eine gewisse Aufsicht aus, die sich jedoch meistens nur auf ein einziges Handwerksgebiet erstreckt. Der Zimmerpolier beaufsichtigt in der Regel die Zimmerleute, der Maurerpolier die Maurergesellen und der Betonmeister die Betonarbeiter. Eine allgemein beaufsichtigende Tätigkeit, wie seitens der Bauführer, findet durch die Poliere nur selten statt, wenngleich auch solche Fälle in der Praxis vorkommen.

c) Handwerker.

Die dritte Gruppe bilden „diejenigen, welche das körperliche Bild des Werkes unmittelbar mit eigener Hand verwirklichen“, also die Maurer und Zimmerer, die Betoneure, Dachdecker, Klempner usw. Diese Handwerker sind reine Ausführungsorgane und betätigen sich ausschließlich in der von ihnen erlernten Fertigkeit.

Schließlich kommt als letzte Gruppe noch diejenige der

d) Arbeiter und Handlanger

in Betracht. In § 202 des alten preußischen St. G. B., der seinem Geltungsbereich ausdrücklich auf „Baumeister" und „Bauhandwerker" beschränkte, waren sie nicht mit inbegriffen. Da § 330 des St. G. B. für das Deutsche Reich sich jedoch auf alle bei der Bauausführung beteiligten Personen erstreckt, gehören zweifellos auch die Bauarbeiter und Handlanger hierzu.

Pflichten der Bauleitung und Bauausführung.

Nachdem die Subjekte des Vergehens gegen § 330 ermittelt sind, wären nunmehr ihre sich aus dem Gesetze ergebenden Pflichten näher zu erörtern. Hierzu kann ganz allgemein gesagt werden: die bei der Leitung und Ausführung eines Baues beteiligten Personen sind gehalten, die allgemein anerkannten Regeln der Baukunst zu befolgen, und es dürfte daher zweckmäßig sein, sich zunächst einmal mit dem Begriffe der allgemein anerkannten Regeln der Baukunst zu befassen.

Die allgemein anerkannten Regeln der Baukunst.

Früher baute ein jeder, wie er es von seinen Vorfahren erlernt hatte, und die ganze Baukunst erschöpfte sich in einer Reihe überlieferter Erfahrungen und Fertigkeiten. Diese Empirie wurde von der Wissenschaft abgelöst, und sie ist es, die heute jedes Mauermaß und Trägerprofil, jede Mörtelmischung und Konstruktionsform begründet. Die konstruktive Durchbildung eines Baues, der Gang seiner Berechnung und schließlich auch die Art der Errichtung vollzieht sich heute auf Grund genau festgelegter wissenschaftlicher Gesetze, die als die Regeln der Baukunst angesprochen werden können.

Da aber in der Technik, wie in den Naturwissenschaften allgemein, alles in ständiger Bewegung und jede Wahrheit relativ ist und nur so lange gilt, als ihr Gegenteil bewiesen wurde, unterscheiden sich die Regeln der Baukunst in anerkannte und in teilweise bestrittene, wobei die anerkannten Regeln den präzisierten, der Praxis bereits zugeführten Niederschlag des augenblicklichen Standes der Wissenschaft darstellen.

Diese Anerkennung, bezugsweise Ablehnung der Regeln vollzieht sich seitens der Berufskreise, also derjenigen Personen, welche die Baukunst oder deren Zweige zu betreiben pflegen. Unter den allgemein anerkannten Regeln der Baukunst hat man daher diejenigen Regeln zu verstehen, welche von den beteiligten Verkehrskreisen ganz allgemein anerkannt werden. Hierbei ist „anerkennen“ als „richtig anerkennen“ im Gegensatze zu „als falsch ablehnen“ zu verstehen, so daß die Richtigkeit der Regel immer stillschweigende Voraussetzung ist, und eingerissene Mißbräuche, mögen sie auch noch so verbreitet sein, niemals darauf Anspruch erheben können, als allgemein anerkannt zu gelten[19]).

An diesem Grundsatze ist unbedingt festzuhalten, gewisse Einschränkungen können höchstens in bezug auf Polizeivorschriften gemacht werden. Es gibt nämlich Baupolizeivorschriften, Ministerialerlasse und dergleichen, die strenger wissenschaftlicher Kritik nicht unbedingt standhalten und deren absolute Richtigkeit zum mindesten von einem Teile der Verkehrskreise bestritten wird. Trotzdem möchte ich hier die Ansicht vertreten, daß behördliche Verfügungen ohne weiteres als anerkannte Regeln der Baukunst im Sinne des § 330 zu gelten haben und daß Bauunfälle, die sich aus der Nichtbefolgung von Baupolizeivorschriften und dergleichen ergeben, stets auf Grund des § 330 zu ahnden sind. Nur so ist es möglich, eine gewisse Stetigkeit der Rechtprechung zu erzielen, während andererseits sonst den Gerichten jeder von dem Urteile der Sachverständigen unabhängige Anhaltspunkt für ihre Entscheidung genommen wäre.

Mit der Frage der anerkannten Regeln der Baukunst hat sich auch das Reichsgericht verschiedentlich, besonders eingehend u. a. anläßlich des Einsturzes der Görlitzer Festhalle beschäftigt.[19]) Der Vorderrichter hatte den Begriff der allgemein anerkannten Regeln der Baukunst im wesentlichen folgendermaßen umgrenzt: Allgemein anerkannt sei nicht gleichbedeutend mit ausnahmslos anerkannt; allgemein anerkannt seien solche Regeln, die auf Grund tech-

---

[19]) Vergl. E. Bd. 44, S. 76.

nischer Erfahrungen im Kreise der die Baukunst oder deren Zweige Betreibenden als zu befolgen anerkannt seien, und deren Nichtkenntnis und Nichtbeachtung mit Gefahr für andere verbunden sei . . . . . Ein eingerissener Mißbrauch, möge er auch noch so verbreitet sein, könne nicht beanspruchen, als allgemein anerkannte Regel angesehen zu werden, und schließe nicht aus, daß das Gegenteil, wenn es auch in der Praxis vernachlässigt werde, trotzdem als die allgemein anerkannte Regel zu gelten habe. Eine Regel, allgemein anerkannt von Technikern, die sich mit dieser Frage beschäftigt hätten, bleibe auch dann allgemein anerkannt, wenn sich zahlreiche Techniker um diese Frage nicht kümmerten. Sie wäre nur dann nicht allgemein anerkannt, wenn von anderen technischen Autoritäten die Ueberflüssigkeit oder Fehlerhaftigkeit dieser Regel behauptet oder gelehrt würde.

Gegen diese Auffassung war mit Recht Revision eingelegt worden, denn die Strafkammer zog den Kreis der maßgebenden Personen viel zu eng. Hiernach müßten z. B. neuere Methoden, die von gewisser Seite gelehrt, und von Niemandem bestritten werden, aber nur einer beschränkten Zahl wissenschaftlich arbeitender Techniker bekannt sind, als „allgemein anerkannt“ gelten. Das Reichsgericht betont daher richtig: „Der Begriff der allgemein anerkannten Regeln der Baukunst ist nicht schon dadurch erfüllt, daß eine Regel bei völliger, wissenschaftlicher Erkenntnis sich als richtig und unanfechtbar darstellt, sondern sie muß auch allgemein anerkannt, d. h. durchweg in den Kreisen der betreffenden Techniker bekannt und als richtig anerkannt sein.“

Somit erscheint der im Gesetzestexte gebrauchte Begriff der „allgemein anerkannten Regeln der Baukunst" zwar ziemlich geklärt, trotzdem ist es in der Praxis außerordentlich schwer, einwandfrei festzustellen, ob eine strafbare Verletzung von Bauregeln vorliegt oder nicht. Fast jeder größere Bauunfallprozeß, bei dem mehrere Sachverständige vernommen werden, zeigt, daß über diese Frage im allgemeinen keine Uebereinstimmung erzielt werden kann. Für die Gerichte ist das Anerkenntnis der großen Menge entscheidend, denn in dem zuletzt angeführten Reichsgerichtsurteil heißt es: „Eine strafbare Vernachlässigung von Bauregeln soll nur angenommen werden, wo sie Grundsätze verletzt, über deren Bestehen im Gewerbe kein Zweifel herrscht. Selbstverständlich muß auch hier das Anerkenntnis der großen Menge entscheiden."

Ist es an und für sich schon schwierig, die Ansicht eines ganzen Gewerbestandes zu ergründen, so wird dies im Baufache beinahe zur Unmöglichkeit, weil in ihm Personen mit verschiedenartigster und teilweiser ganz unzulänglicher Berufsausbildung tätig sind. Es können aber auch Zweifel darüber entstehen, ob es überhaupt zulässig ist, den Kreis der maßgebenden Personen derart weit zu ziehen, wie das Reichsgericht es tut. Wie an früherer Stelle bereits ausgeführt, hat sich im Baugewerbe ein stark ausgeprägtes Spezialistentum herausgebildet, und zur Entscheidung der Frage, ob eine Regel als allgemein anerkannt zu gelten habe, scheint nicht mehr die große Menge, sondern die kleine Gruppe der engeren Fachgnossen berufen. Bei neueren Bauweisen z. B. können sich unter den Spezialisten seit langem feststehende Regeln herausgebildet haben, während bei den übrigen Baufachleuten hierüber noch immer die stärksten Zweifel und Widersprüche herrschen. In solchen Fällen aber das Bestehen anerkannter Regeln leugnen zu wollen, kann zu einer gefährlichen Gerichtspraxis führen, wie folgende Entscheidung des 6. Strafsenats des R. G. vom 6. Oktober 1911 lehrt. Hierin heißt es: „Nach dem ministeriellen Runderlaß vom 24. Mai 1907, durch welchen die „Bestimmungen für die Ausführung von Konstruktionen aus Eisenbeton bei Hochbauten" den Behörden zur allgemeinen Anwendung mitgeteilt sind, beruhen diese Bestimmungen auf in den letzten Jahren gesammelten Erfahrungen. Daß aber im Herbst 1909 (dem Zeitpunkte des zur Verhandlung stehenden Einsturzes) diese Erfahrungen derart in die Praxis eingedrungen waren und derart sich befestigt hatten, daß sie Gemeingut der die Baukunst bzw. Baugewerbe Ausübenden geworden waren und über ihr Bestehen als Regeln der Baukunst im Gewerbe kein Zweifel herrschte, hat die Strafkammer nicht festgestellt, vielmehr für erwiesen erachtet, daß sich im Eisenbetonfach bisher in Fachkreisen allgemein anerkannte Regeln noch nicht herausgebildet haben. Es ist hiernach nicht rechtsirrtümlich, wenn den ministeriellen Bestimmungen wenigstens soweit, als ihre Anwendung hier in

Frage kam, die Bedeutung allgemein anerkannter Regeln der Baukunst abgesprochen worden ist." Hält man sich gegenüber dieser Reichsgerichtsentscheidung die Tatsachen vor Augen, daß im Jahre 1909 der Eisenbetonbau eine ausgedehnte blühende Industrie darstellte (eine einzige Berliner Firma führte z. B. in diesem Jahr für mehr als 5 Millionen Mark Eisenbetonarbeiten aus) und daß den Ministerialbestimmungen vom Jahre 1907 bereits solche vom Frühjahre 1904 vorausgegangen waren, also auch damals schon jahrelange Erfahrungen vorlagen, dann erscheint die Ansicht des Reichsgerichts schwer verständlich, und sie wird nur erklärlich durch die übliche Praxis, bei Bauverstößen stets nach dem „Anerkenntnis der großen Menge" zu forschen. In einem solchen Falle, wie dem vorliegenden, müßte die Allgemeinheit allein durch die Gruppe der Eisenbetonspezialisten dargestellt werden, dann wäre der Strafsenat auch zu einer anderen Entscheidung gelangt, da für die Eisenbetontechniker die Kenntnis der Ministerialbestimmungen von jeher das Minimum dessen bedeutete, was von einem im Eisenbetonbau Tätigen verlangt werden mußte. Sollte das Wort „allgemein" im Gesetzestexte einer derart begrenzten Auffassung der anerkannten Regeln der Baukunst entgegenstehen, dann wäre bei einer späteren Neufassung des Paragraphen die Fortlassung dieses Wörtchens zu erwägen.

Eine wesentliche Erleichterung für die Rechtsprechung würde es m. E. ferner bedeuten, wenn für die Festlegung des Begriffs der allgemein anerkannten Regeln der Baukunst gewisse, von dem Gutachten der Sachverständigen teilweise unabhängige Anhaltspunkte gewonnen werden könnten. Solche Anhaltspunkte dürften vielleicht die Lehr- und Studienpläne der Fach- und Hochschulen und die Vorschriften über Lehrlings- und Gesellenzeit darstellen. Wenngleich nämlich die Gewerbeordnung den Baubetrieb völlig freigibt, räumt sie doch den Personen mit ordnungsmäßiger Fachausbildung gewisse Vorrechte ein und besagt in den §§ 35, Abs. 5 und 35 a, welche die Untersagung des Gewerbebetriebes für Bauunternehmer und Bauleiter behandeln, daß Mangel an theoretischer Bildung nicht den im Baugewerbe tätigen Personen gegenüber geltend gemacht werden kann, welche „das Zeugnis über die Ablegung einer Prüfung für den höheren oder mittleren bautechnischen Staatsdienst oder das Prüfungs- oder Reifezeugnis einer staatlichen oder von der zuständigen Landesbehörde gleichgestellten baugewerblichen Fachschule besitzen oder welche Diplom-Ingenieure sind.“ Ebensowenig kann Mangel an praktischer Vorbildung solchen Personen gegenüber geltend gemacht werden, welche die Meisterprüfung in dem von ihnen ausgeübten Gewerbe bestanden haben.

Diese Bestimmungen besagen, daß auch für die Baugewerbler eine reguläre Ausbildung zum mindesten erwünscht sei, und da § 330 die Aufgabe hat, den durch die gesetzliche Freigabe des Baugewerbes sich ergebenden Mißständen nach Möglichkeit zu steuern, so sollte durch entsprechende Gesetzesauslegung die praktische Einführung eines Befähigungsnachweises in die Wege geleitet werden. Denn unzweifelhaft würde es für die Sicherheit des Publikums sehr viel bedeuten, wenn sich auch im Baugewerbe ausschließlich dazu Berufene betätigen würden.

Diese Absicht könnte erreicht werden, wenn der Wortlaut des Gesetzes so gefaßt würde, daß man alles, was von den berufenen Bildungsstätten übereinstimmend gelehrt wird, als allgemein anerkannte Regeln betrachten müßte. Denn wenn wir auch in Deutschland völlige Lehr- und Lernfreiheit besitzen, so wird doch durch einheitliche Prüfungs- und Examensbestimmungen ein gewisses Maß an Kenntnissen gefordert, und dieses als den allgemein anerkannten Niederschlag des augenblicklichen Standes der Wissenschaft anzusprechen, dürfte durchaus berechtigt sein. Damit wäre aber den Richtern ein ziemlich sicheres Kriterium für den Begriff der allgemein anerkannten Regeln der Baukunst gegeben, und die Entwicklung des Baugewerbes selbst wäre in gesunde Bahnen gelenkt.

Natürlich ist auch mit dieser Auslegung der zur Diskussion stehende Begriff nicht erschöpft, ihn aber noch näher zu präzisieren dürfte kaum möglich und schließlich auch nicht empfehlenswert sein, da jeder derartigen Definition nur ein Augenblickswert beizumessen wäre. Denn ebenso, wie sich mit fortschreitender Entwicklung die Lehr- und Studienpläne für das Baugewerbe ändern, wechselt auch die Summe des als richtig allgemein Anerkannten, und man geht wohl nicht fehl in der Annahme, daß der Gesetzgeber absichtlich eine derartig weite Fassung des Textes gewählt hat, um den sich stets wandelnden Verhältnissen dauernd gerecht werden zu können. Vor allem sollte wohl auch hierdurch dem gebührenden Einflusse der Sachverständigen die Bahn geöffnet werden, denn letzten Endes wird die tatsächliche Entscheidung über die Schuldfrage bei Bauverstößen immer bei den Fachleuten liegen. Trotz eingehender Vorschriften über die Lehrzeit im Handwerk, trotz sorgfältigst durchgearbeiteter Studien- und Ausbildungspläne, wird es immer gewisse Dinge geben, die weder vom Katheder gelehrt, noch auf der Schulbank gelernt werden können, und die man auch nach mehrjähriger Lehrzeit nicht beherrscht. Die Praxis mit ihrer unendlichen Vielfältigkeit stellt den Fachmann täglich vor neue Aufgaben, und jede Situation mit all ihren Folgen sofort zu übersehen, ist nur Wenigen gegeben. Es sind daher nicht immer gleich Verstöße gegen die allgemein anerkannten Regeln, wenn die Kunst des Durchschnittsfachmannes manchmal versagt. Die besonderen Verhältnisse und Schwierigkeiten richtig zu erkennen, ist Aufgabe der Sachverständigen, die mildernd und ausgleichend einzugreifen haben, wo etwa die strenge Anwendung des Paragraphen unnötig Härten mit sich bringen würde. Pflicht der Sachverständigen ist es aber auch, dem infolge der Gewerbefreiheit im Baufache sich breitmachenden Unwesen zu steuern, um so in gleicher Weise der Volkswirtschaft und dem technischen Fortschritte zu dienen, und Holtzendorff trifft den Kern der Sache, wenn er sagt:[20]) „Das Gutachten der Sachverständigen, namentlich aber auch deren Auswahl gewinnt eine hervorragende Bedeutung. Es darf nicht eine laxe Praxis, also zur Gewohnheit gewordener Leichtsinn, zum Maßstabe genommen werden, andererseits auch nicht der tiefe Blick von Baukünstlern, welche neue Konstruktionsweisen zu schaffen vermögen.“

Mit der Umgrenzung des Begriffes der allgemein anerkannten Regeln der Baukunst ist nur das Leitmotiv für die Pflichten der Bauleitung und Bauausführung gegeben. Die Pflichten im Einzelnen sollen in folgendem erörtert werden.

---

[20]) Holtzendorff. S. 911

1. Pflichten der Bauleitung.

Der Bauleiter haftet für die Richtigkeit eines Bauwerks in bezug auf seine Gesamtdispositionen, besonders also dafür, daß die Anordnung der einzelnen Teile zueinander den Gesetzen der Statik und der Lehre von den Baustoffen entspricht und daß auch die hygienischen Vorschriften gebührend berücksichtigt sind. Als Höchstverantwortlicher hat er alle baulichen Maßnahmen und auch alle seitens des Bauherrn an ihn herantretenden Wünsche unter dem Gesichtswinkel der technischen Richtigkeit zu betrachten. Etwaige Verstöße gegen die Regeln der Baukunst kann er nicht damit entschuldigen, daß sie auf Verlangen des Bauherrn erfolgt seien, „denn derartige Anweisungen des Bauherrn," sagt das Reichsgericht,[21]) „haben immer die stillschweigende Voraussetzung, daß sie sich mit den Regeln der Baukunst vertragen und danach befolgt werden können und dürfen. Ist dies nicht der Fall, dann ist es Sache des Sachverständigen, den Bauherrn auf die Unausführbarkeit der Anweisung aufmerksam zu machen und die Befolgung derselben zu verweigern."

Die praktische Bauausführung im einzelnen ist nicht mehr Sache des Bauleiters, doch hat er bei der Auswahl der ausführenden Organe, also der Bauführer und Poliere, genügende Sorgfalt walten zu lassen, so daß wirkliche Gewähr für exakte Errichtung des Baues und für strikte Innehaltung seiner Dispositionen gegeben ist. Erfordert eine Verrichtung tieferes Verständnis und weitergehendere Umsicht, als sie von den untergeordneten Organen schlechthin erwartet werden kann, dann ist der Bauleiter verpflichtet, seine Hilfskräfte besonders zu unterrichten und sich persönlich davon zu überzeugen, daß seinen Anordnungen auch Folge geleistet wurde.[22])

2. Pflichten der Bauführer.

Die Bauführer stehen auf Grund ihrer besseren Allgemein- und Fachbildung höher als die Poliere und Handwerker, und man setzt bei ihnen infolgedessen ein ausgesprocheneres Verantwortlichkeitsgefühl voraus. Ihnen liegt es ob, dafür

---

[21]) Goldt. A. Bd. 50, S. 390.
[22]) Goldt. A. Bd. 48, S. 353.

zu sorgen, daß die Anordnungen des Bauleiters bei der konkreten Bauausführung streng befolgt und daß die einzelnen Arbeiten handwerksgerecht erledigt werden. Ihnen unterstehen ferner die Nebenarbeiten, die Aufstellung der Rüstungen und Schalungen und der Betrieb der Baumaschinen.

Im allgemeinen genügen die Bauführer ihrer Pflicht, wenn sie die Ausführung eines Baues handwerksgerecht vollziehen und in Uebereinstimmung mit den Angaben des Bauleiters bringen. Es sind jedoch auch Fälle denkbar, in denen sie für Fehler des Bauleiters mit verantwortlich gemacht werden können, nämlich immer dann, wenn sie den Verstoß gegen die Regeln der Baukunst bei entsprechender Aufmerksamkeit hätten entdecken müssen. Ordnet z. B. ein Architekt in dem oberen Geschosse eines Hauses eine tragende Wand an, die im unteren Stockwerke keine Unterstützung findet, und der Bauführer übersieht den Fehler und läßt tatsächlich der Zeichnung entsprechend ausführen, dann ist wohl anzunehmen, daß er für einen hieraus sich ergebenden Einsturz mit bestraft werden wird; denn wenn es auch die nächstliegende Pflicht des Bauführers ist, sich genau nach den erhaltenen Angaben zu richten, so hat er die zur Ausübung seines Berufes notwendige Aufmerksamkeit und Umsicht nicht beiseite zu lassen. Erkennt ein Bauführer demnach die Unrichtigkeit einer seitens des Bauleiters getroffenen Anordnung, so ist er verpflichtet, die Ausführung abzulehnen, denn im Falle eines sich später hieraus ergebenden Einsturzes kann er sich der Verantwortung nicht dadurch entziehen, daß er den Verstoß gegen die Regeln der Baukunst auf Befehl eines ihm technisch Uebergeordneten begangen habe. „Die Gehorsamspflicht endet stets an der Grenze, an welcher die Gesetzwidrigkeit beginnt,“ sagt das Reichsgericht in einer Entscheidung vom 7. Oktober 1907,[23]) und die in der Praxis sich vielleicht hieraus ergebenden Härten müssen in den Kauf genommen werden.

Pflichten der Poliere, Handwerker und Arbeiter.

Diese Gruppen tragen entsprechend ihrer rein handwerksmäßigen Tätigkeit nur eine begrenzte Verantwortung bei der Bauausführung. Gleichwohl erwartet die Rechtsprechung, daß

---

[23]) Jurist. Wochenschrift, Jahrgang 1908. S. 226.

auch diese Personen sich im Besitze derjenigen Kenntnisse und Fähigkeiten befinden, welche die Ausübung der von ihnen übernommenen Leistung erfordert.[24]) Sie müssen die Regeln ihres jeweiligen Handwerks genau beherrschen und haben ihre Arbeiten sorgfältig und handwerksgerecht zu erledigen. Ereignet sich ein Bauunfall z. B. dadurch, daß ein Pfeiler nicht richtig im Verbande gemauert war oder daß bei einer Holzverbindung die Zapfen falsch angeschnitten waren, dann dürften die schuldigen Handwerker zweifelsohne wegen Verstoßes gegen die Regeln der Baukunst bestraft werden.

De lege ferenda.

Bei einfachen Bauausführungen ist es verhältnismäßig leicht, den jeweiligen Pflichtenkreis und damit auch das Verantwortlichkeitsgebiet der am Bau beteiligten Personen abzugrenzen. Bei größeren komplizierten Bauten, wie sie heute an der Tagesordnung sind, werden sich dem jedoch häufig Schwierigkeiten entgegenstellen, die darin begründet sind, daß sich die Bautechnik vom Handwerk zur Wissenschaft und die Bauunternehmungen vom Klein- zum Großbetriebe entwickelt haben. Seitdem die Bauwelt aufgehört hat, ausschließlich in Holz und Stein zu konstruieren, und es lernte, sich auch des Eisens und der Verbundbauweisen zu bedienen, vollzieht sich die gesamte Bauausführung auf Grund streng wissenschaftlicher, durch Theorie und Versuchspraxis genau festgelegter Gesetze. Das Wesen und die Wirkungsweise der Naturkräfte ist heute in weitestem Maße geklärt, die Reaktionen der Erde und des Wassers sind ermittelt, wir kennen die Stärke des Windes und wissen, welche Materialien dem Feuer widerstehen und welche nicht. Diese tiefere Einsicht, Hand in Hand mit einer hochentwickelten Industrie und einem scharf angespannten Wirtschaftskampfe, läßt die Errichtung der modernen Bauten sich nicht mehr nach überlieferten Handwerksregeln, sondern auf Grund sorgfältigst erwogener Konstruktionen und genau angestellter Berechnungen vollziehen.

Gleichzeitig mit dieser wissenschaftlichen Vertiefung hat sich der Umfang der Bautechnik in ungeahnter Weise er-

---

24) Vergl. Goldt. A. Bd. 46, S. 209.

weitert. Die zur Verfügung stehenden Konstruktionsformen haben sich vervielfacht, indem sie für jeden Baustoff ihre charakteristische Gestalt annahmen. Dadurch entstanden und entstehen täglich, begünstigt durch scharfen Konkurrenzkampf, eine Reihe von Spezialfächern; die nur auf Grund eingehender Sonderstudien und langjähriger Praxis beherrscht werden können und zur Entwicklung eines ausgesprochenen Spezialistentums geführt haben. Spezialisierung und Arbeitsteilung stehen in enger Wechselbeziehung zueinander. Im Baugewerbe ist die Arbeitsteilung in um so ausgedehnterem Maße vorhanden, als die größeren Bauunternehmungen seit langem aufgehört haben, ihr Betätigungsfeld lediglich an ihrem Wohnsitze zu suchen. Mit großem Aktionsradius ergibt sich von selbst eine neue Berufsteilung der Beamten, in solche, die ständig im Zentralbüro beschäftigt werden, und andere, die von Baustelle zu Baustelle wandern. Die einen fertigen die Entwürfe, die anderen überwachen die Bauausführungen.

Durch alle diese Momente erhält der heutige Baubetrieb sein charakteristisches Gepräge. Der wesentlichste Unterschied gegen früher besteht wohl in der Bedeutung der Projektierung, und § 330 dürfte seine Aufgaben schwerlich noch erfüllen können, wenn man die Planung aus seinem Geltungsbereich ausschließt. Solange ein Bauwerk aus einfachen Konstruktionsteilen besteht, kann ein Bauleiter, selbst wenn er den Entwurf nicht selber gefertigt hat, die Richtigkeit der gewählten Anordnungen einigermaßen beurteilen. Bei modernen Bauten, z. B. Eisen- oder Eisenbetonkonstruktionen, ist dies jedoch völlig unmöglich. Hier muß sich der auf der Baustelle verantwortliche Techniker unbedingt darauf verlassen können, daß die Angaben in den Bauplänen und Bauzeichnungen absolut richtig sind, denn weder ist er in der Lage den Entwurf nachzuprüfen, noch ist dies seine Aufgabe. Behördliche Bauten z. B. werden fast ausschließlich nach gelieferten Entwürfen ausgeführt, und der Unternehmer ist gehalten, sich genau nach den Projekten zu richten. Sind nun z. B. die Seitenwände einer Kammerschleuse falsch berechnet und demzufolge zu schwach dimensioniert und führt dieser Fehler nachher zu einer Gefährdung, soll dann der Bauleiter der Unternehmerfirma nach § 330 bestraft werden?

Die heute in jedem größeren Betriebe durchgeführte Arbeitsteilung legt Projektierung und Bauausführung in völlig getrennte Hände, und als eine der wichtigten allgemein anerkannten Regeln der Baukunst, ohne die der heutige Großbetrieb überhaupt undenkbar sein würde, gilt, daß sich die Bauausführung streng nach dem Entwurfe zu richten hat. Ein Abweichen hiervon würde im Gefährdungsfalle von allen Sachverständigen unzweifelhaft als schwerer Verstoß angesehen, und von den Gerichten auf Grund des § 330 bestraft werden.

Durch die notwendigen Berechnungen und Zeichnungen, die heute jeden Bau bis ins kleinste Detail vorher festlegen, erfährt die Stellung des Bauleiters gegen früher eine starke Verschiebung. Er bewirkt jetzt durchaus nicht mehr die planmäßige Gestaltung des Baues als eines Ganzen, sondern nur noch technisch die Art der Errichtung und ist denen, welchen die unmittelbare Ausführung der Bauarbeiten obliegt, technisch übergeordnet. Würde man daher heute die Geltungskraft des § 330 auf Bauleitung und Bauausführung beschränken, dann bliebe ein wichtiger Anteil an der Errichtung eines Baues außerhalb des Gesetzes. Könnte man dagegen ohne Gesetzesänderung auch die Projektierung mit in den Geltungsbereich des § 330 ziehen, dann ließen sich unschwer die vom Reichsgericht aufgestellten Grundsätze sinngemäß darauf anwenden.

Neben der Projektierung muß bei der Gesetzesauslegung auch der bereits erwähnten Spezialisierung im Baugewerbe Rechnung getragen werden, da hierdurch die Frage, wie weit ein Bauleiter oder Bauführer als sachverständige Quelle der für die Bauausführung notwendig zu treffenden Anordnungen gilt, wesentlich beeinflußt wird. Früher beherrschte ein Baukundiger alle in sein Fach schlagenden Fragen bis ins kleinste hinein, heute ist der Umfang der Bautechnik und Bauwissenschaft viel zu groß, als daß ein einzelner noch auf dem ganzen Gebiete sachverständig sein könnte.

Der Architekt besitzt zwar einige statische Kenntnisse, der Berechnung und dem Aufbau eines etwas schwierigeren eisernen Dachstuhles steht er jedoch schon hilflos gegenüber, von der Konstruktion eines steifen Eisenbetonrahmens ganz zu schweigen. Dem Betontechniker sind wieder die modernen Holzbauweisen fremd, und der Eisenkonstrukteur dürfte von künstlichen Fundierungen und Grundwassersenkungen herzlich wenig verstehen. Alle diese verschiedenen Bauweisen sind aber in modernen Bauwerken häufig vereint, die infolgedessen aus einer Reihe einzelner Teile bestehen, deren Herstellung von ganz getrennten Personen geleitet und überwacht wird. Jeder dieser Spezialbauleiter und Bauführer ist allein für seine Arbeit sachverständig und muß daher auch volle Verantwortung für die technische Richtigkeit übernehmen. Der Hauptbauleiter, der Architekt oder Generalunternehmer, ist im wesentlichen kaufmännisch und organisatorisch tätig und sorgt für das glatte Handinhandarbeiten der einzelnen Kräfte. Er ist durchaus nicht mehr der übergeordnete Techniker, dessen Anordnungen geeignet sind, die übrigen am Bau tätigen Personen in bezug auf ihre Verantwortung zu entlasten. Was das Reichsgericht in der bereits angeführten Entscheidung vom 15. Juni 1913[25]) in bezug auf das Verhältnis von Bauherr zu Bauleiter sagt, gilt mutatis mutandis im modernen Baubetriebe auch für General- und Spezialbauleiter. Die wirklichen Sachverständigen sind die Spezialisten, und sie dürfen den Anweisungen des Architekten z. B. nur soweit Folge leisten, als diese sich mit den Regeln der Baukunst vertragen. Das Gesetz muß daher sinngemäß auch auf diejenigen Personen Anwendung finden, welche bei der Errichtung einzelner Teile eines Bauwerkes tätig sind.

---

[25]) Goldt. A. Bd. 50, S. 390.

5. Vorsatz und Fahrlässigkeit.

Der § 330 soll Schutz gegen Gefahren gewähren, welche aus einem gewissen fehlerhaften Baubetriebe entstehen; nicht der Verstoß gegen die allgemein anerkannten Regeln der Baukunst an sich, sondern nur die Gefährdung anderer durch derartige Verstöße wird vom Gesetze bedroht. Dies besagt schon der Wortlaut des Paragraphen, denn es heißt nicht einfach: „Wer . . . . handelt", sondern „Wer dergestalt . . . . handelt." Der Ansicht Olshausens,[26]) der Tatbestand des § 330 erfordere eine Verletzung des Gebotes, die allgemein anerkannten Regeln zu beachten, kann daher nicht beigepflichtet werden, vielmehr ist aus dem Text klar das Verbot herauszulesen: Verstoße bei der Leitung oder Ausführung eines Baues nicht derart gegen die Regeln der Baukunst, daß hieraus Gefahr für andere entsteht.[27])

Derart gefährdende Verstöße können aber fahrlässig und vorsätzlich begangen werden. Zur Bestrafung reicht Fahrlässigkeit vollkommen aus, also der Umstand, daß der Täter die nötige Aufmerksamkeit aus den Augen gesetzt hat, bei deren Anwendung er den Fehler und dessen gefährdende Wirkung erkannt und vermieden haben würde. Dafür spricht schon der Umstand, daß die Baugefährdung im alten preußischen St. G. B. den Fahrlässigkeitsdelikten angegliedert war, und dem steht auch nicht im Wege, daß § 330 im deutschen St. G. B. unter die gemeingefährlichen Vergehen eingereiht ist. Dadurch wurde lediglich das Gefahrmoment äußerlich mehr in den Vordergrund gerückt und zum maßgebenden Gesichtspunkte für die Unterbringung dieses Vergehens im System des Strafgesetzes erhoben. Die Fahrlässigkeit sollte da-

---

26) Olshausen, Komm. zum Strafgesetzbuch für das Deutsche Reich. S. 1352.

27) Althans, Die gemeingefährliche Bauführung. S. 31.

mit keineswegs ausgeschaltet werden, denn die Motive[28]) bemerken hierzu audrücklich: „Gegen die bei Bauten begangenen Fahrlässigkeiten schien eine besondere Strafbestimmung notwendig. Wer auf Grund der durch die Gewerbeordnung erfolgten Freigebung des Baugewerbes einen Bau ohne die hierzu erforderliche Kenntnis unternimmt, setzt hierdurch Leben und Gesundheit anderer leicht der erheblichsten Gefahr aus . . . . Das öffentliche Interesse verlangt, daß ein solcher Unternehmer die allgemein anerkannten Regeln der Baukunst nicht aus den Augen setze."

In völliger Uebereinstimmung hiermit steht auch die Rechtsprechung des obersten Gerichtshofes, wie folgendes Beispiel zeigt: Bei einem Neubau waren die Zapfen der Säulen- und Kopfbänder in der Dachkonstruktion nicht sämtlich vernagelt worden. Bei dem gewählten Bindersystem hätte dies jedoch unbedingt geschehen müssen, und die Unterlassung führte infolgedessen zum Einsturz des Hauses. Der erste Richter hatte den Bauleiter von dem Vergehen gegen § 330 freigesprochen, weil der Bauverstoß gegen Willen und Wissen des Angeklagten geschehen wäre. Das Reichsgricht hob jedoch in seiner Entscheidung vom 4. Januar 1883 [29]) dieses Urteil wieder auf, indem es ausdrücklich betonte, die Annahme des Vorderrichters wäre irrig, daß das Vergehen gegen § 330 nur vorsätzlich verübt werden könne. In dem Urteil heißt es dann wörtlich: „Der Zweck des Gesetzes wäre vereitelt, wenn die Strafbestimmung in jenem beschränkten Sinne verstanden würde. Denn hieraus würde folgen, daß der Leiter eines Baues für entschuldigt gelten müsse, falls er die bei dem Bau vorgekommenen Verstöße gegen allgemein anerkannte Regeln der Baukunst nicht durch seine Anordnungen direkt veranlaßt, oder diese Regeln nicht gekannt hätte, möchte er auch bei Anwendung der ihm obliegenden Aufmerksamkeit haben verhüten können, daß die Fehler gemacht worden oder unverbessert bestehen geblieben wären. Es ist vielmehr anzunehmen, daß § 330 auch diejenigen Fälle umfaßt, wo in einem fahrlässigen Handeln oder in fahrlässigen Unterlassungen des Bauleiters die Ursache davon liegt,

---

28) Motive zum Strafgesetzbuch für den Norddeutschen Bund. S. 73.

29) Rechtsprechung des Deutschen Reichsgerichtes in Strafsachen Bd. 5, S. 8.

daß bei dem Bau gegen die allgemein anerkannten Regeln der Baukunst gefehlt worden ist, und daß insbesondere auch die Fälle inbegriffen sind, wo die Fahrlässigkeit darin besteht, daß der Leiter es an der erforderlichen Ueberwachung der bei dem Bau beschäftigten Arbeiter, an der Nachprüfung ihrer Arbeiten hat fehlen lassen, und infolge hiervon demselben von den Arbeitern gemachten Fehler unbekannt geblieben sind."

In erhöhterem Maße als Fahrlässigkeit ist natürlich Vorsatz strafbar, denn wenn das Gesetz bereits solche Bauverstöße trifft, deren gefährdende Folgen bei der nötigen Vorsicht hätten vorausgesehen werden können, dann erstreckt sich § 330 erst recht auf diejenigen Fälle, in denen die Folgen tatsächlich vorausgesehen waren. Daß freilich jemand mit vollem Bewußtsein einen Bauverstoß begeht, um durch den dadurch herbeigeführten Einsturz andere zu töten oder schwer zu verletzen, wird selten vorkommen; auch fällt dann diese Handlung nicht mehr bloß unter den Begriff der Baugefährdung, sondern auch unter den der Tötung oder Körperverletzung. In bezug auf § 330 genügt zum Vorsatz, nach der Vorstellungstheorie von Liszt, die Voraussicht des durch die Willensbetätigung bewirkten oder nicht gehinderten Erfolges. In dem Worte Voraussicht liegt die Erwartung einer Wahrscheinlichkeit des Erfolges, nicht der absoluten Notwendigkeit seines Eintretens, und unter vorsätzlicher Baugefährdung sind deshalb auch diejenigen Fälle zu verstehen, in denen in leichtfertiger Weise mit vollem Bewußtsein Verstöße gegen die Regeln der Baukunst begangen werden, in der stillen Hoffnung, daß die Konstruktion vielleicht doch noch halten wird. Die Juristen sprechen in einem solchen Falle von dolus eventualis. Fehlt z. B. bei der Einschalung des Obergeschosses eines Eisenbetonbaues das nötige Holz, und der Bauführer läßt es der unteren Etage entnehmen, trotzdem er weiß, daß das Untergeschoß erst vor einigen Tagen fertiggestellt ist, und trotzdem ihn der Polier womöglich noch darauf aufmerksam macht, dann ist in einem solchen Handeln ein vorsätzlicher Verstoß gegen die Bestimmungen des § 330 anzunehmen. Denn wenn auch der Bauführer zweifellos dabei hoffte, daß das Untergeschoß halten würde, so wird doch der Richter feststellen müssen, daß er daneben mit der Möglichkeit des Einsturzes nicht nur rechnen konnte (das würde bloße Fahrlässigkeit sein), sondern auch tatsächlich gerechnet hat, daß er also den eventuellen Vorsatz zur Tat gehabt hat.

Die Frage, ob das Vergehen fahrlässig oder vorsätzlich begangen wurde, ist natürlich von erheblichem Einflusse auf die Strafbemessung, und die Gerichte haben in § 330 ein gutes Mittel in der Hand, der im Baugewerbe teilweise eingerissenen Leichtfertigkeit bis zu einem gewissen Grade zu steuern.

6. Anstiftung, Mittäterschaft und Beihilfe.

Neben den bei der Leitung und Ausführung eines Baues direkt beteiligten Personen können auch Außenstehende als Subjekt des Vergehens gegen § 330 in Frage kommen, und zwar auch solche, die überhaupt nicht zu dem Kreise der baukundigen Personen gehören. Das Reichsgericht sagt in seiner Entscheidung vom 4. Januar 1898[30]) hierüber ganz allgemein: „Daraus, daß das Gesetz bei den Vergehen gegen § 330 die Täterschaft auf die bei der Leitung oder der Ausführung eines Baues beteiligten Personen einschränkt, folgt keineswegs, daß andere Personen sich der Teilnahme an diesem Vergehen in der Form der Anstiftung oder Beihilfe nicht schuldig machen könnten. Wie bei den Amtsdelikten, bei denen die Täterschaft sich nur in der Person eines Beamten verwirklichen kann, strafbare Anstiftungen oder Beihilfe seitens solcher Personen, die nicht Beamte sind, anerkanntermaßen rechtlich nicht ausgeschlossen sind, so muß dies unbedenklich auch im Falle des § 330 in Anschauung solcher Personen gelten, welche bei der Leitung oder Ausführung des Baues nicht beteiligt sind."

Diese Personen gliedern sich nach dem Strafgesetz in 3 Gruppen, in Anstifter, in Gehilfen, welche in begrifflichem Gegensatze zum Täter stehen, und in Mittäter. Unter Anstiftung versteht man die v o r s ä t z l i c h e Verleitung zu einer strafbaren Handlung, sei es durch Geschenke, durch Versprechen, durch Mißbrauch des Ansehens oder der Gewalt, durch absichtliche Herbeiführung oder Beförderung eines Irrtumes oder durch irgend welche anderen Mittel. Beihilfe ist die dem Täter zur Begehung des Verbrechens oder Vergehens durch Rat oder Tat w i s s e n t l i c h geleistete Hilfe. Mit-

---

30) Goldt. A. Bd. 46, S. 110.

täter heißt derjenige, der gemeinschaftlich mit einem anderen eine strafbare Handlung ausgeführt hat.

Zum Begriff der Anstiftung und Beihilfe ist Vorsatz unerläßlich, durch § 48 St. G. B. ist das für die Anstiftung ausdrücklich durch das Wort „vorsätzlich" bestimmt und durch § 49 für die Beihilfe durch das Wort „wissentlich". Eine andere Frage aber ist, ob die Tat selbst, zu der die Anstiftung oder Beihilfe erfolgte, ebenfalls nur vorsätzlich oder auch fahrlässig begangen werden kann. Die Antwort muß dahin lauten, daß letzteres begrifflich ausgeschlossen ist. Wo also, wie beim § 330 das Delikt sowohl vorsätzlich als fahrlässig begangen werden kann, ist Anstiftung oder Beihilfe nur denkbar, wenn in dem betreffenden Falle Vorsatz nachgewiesen wird.

Ueber diesen Punkt hat sich das Reichsgericht, zwar bei einer anderen Gelegenheit und lediglich in bezug auf Beihilfe, aber doch mit ganz allgemeiner Gültigkeit, dahin geäußert, daß die Teilnahme Außenstehender durchaus nicht nur bei solchen Vergehen möglich sei, bei denen Vorsätzlichkeit des Handelns ein notwendiges Tatbestandserfordernis bildet. Es heißt in dieser Entscheidung[31]) wörtlich: „Andererseits ist aber nicht anzuerkennen, daß Beihilfe lediglich gegenüber denjenigen Delikten möglich sei, welche im Gesetze ausdrücklich nur dann mit Strafe bedroht sind, wenn sie vorsätzlich begangen werden. Legt vielmehr das Gesetz bei Normierung des Tatbestandes einer strafbaren Handlung darauf, ob ein rechtsverletzender Erfolg vorsätzlich oder nicht vorsätzlich herbeigeführt werde, kein Gewicht, so steht grundsätzlich nichts entgegen, die Tat dann, wenn im Einzelfalle die Voraussetzungen vorliegen, welche das Strafgesetz sonst betreffs des Vorsatzes normiert, auch als vorsätzlich begangen zu behandeln, und die sich hieraus ergebenden rechtlichen Konsequenzen zu ziehen."

Eine spätere Reichsgerichtsentscheidung beschäftigt sich mit derselben Frage gelegentlich der Anstiftung und führt aus:[32]) „Daß der Begriff der Anstiftung bei Zuwiderhandlungen gegen § 330 in den Fällen, wo solche vorsätzlich

---

31) E. Bd. 27, S. 317.
32) Goldt. A. Bd. 46, S. 110.

begangen werden, an sich Anwendung finden kann, obwohl der dort normierte Tatbestand nicht notwendig ein vorsätzliches Handeln des Täters voraussetzt, ist von der Revision selbst nicht bestritten. Begründete Zweifel hinsichtlich dieser Frage liegen auch nicht vor."

In der Reichsgerichtsentscheidung vom 3. Januar 1911 (abgedruckt im „Recht" Jahrg. 1911 Nr. 641) heißt es ausdrücklich: „Bei Delikten, welche sowohl vorsätzlich wie fahrlässig begangen werden können, ist eine strafbare Beihilfe nur dann möglich, wenn im gegebenen Falle eine vorsätzliche Begehung stattfand."

Schließlich ist noch als ein der Anstiftung ähnlicher Fall denkbar, daß sich der Täter der Tragweite seiner Handlung nicht bewußt war, daß er also lediglich ein willenloses Werkzeug in der Hand des Anderen bildete. Dann kommt dieser Andere allein als Täter in Betracht und wird auch als solcher bestraft.

Anstifter und Mittäter werden im allgemeinen wie der Täter bestraft. Bei Gehilfen ist die Strafe geringer zu bemessen (§ 49, Abs. 2, § 44).

7. Die gefährdeten Personen.

Das Gesetz bestraft die Gefährdung „Anderer", und es ist zu untersuchen, ob diese einen bestimmt abgegrenzten Kreis von Personen darstellen oder ob es gleichgültig ist, wer und wieviel durch einen Bauverstoß getroffen werden.

Aus dem Wortlaut des Gesetzes geht zunächst hervor, daß die gefährdeten Personen mit dem Täter nicht identisch sein dürfen, denn die „Gefahr für Andere" steht in unverkennbarem Gegensatze zu dem „wer . . . . handelt," oder wie das Reichsgericht in seiner Entscheidung vom 7. Juni 1898[33]) sagt: „Diese Anderen sind im Gesetze unterschiedlos dem Leiter und Ausführer des Baues gegenüber gestellt, umfassen also auch die neben diesen Personen beim Bau beschäftigten Handwerker und Arbeiter."

Weiteres ist aus dem Gesetzestexte nicht herauszulesen, und auch die Stellung des § 330 im System des Strafrechtes gibt keine weiteren Aufschlüsse über die Objekte der Gefährdung. Vor allem wäre es verfehlt, aus der Einreihung des Bauverstoßes unter die gemeingefährlichen Vergehen und Verbrechen zu folgern, daß zum Tatbestande des § 330 ebenfalls Gemeingefahr gefordert werde. In dieser Beziehung kann man wohl unbedingt der Ansicht Franks[34]) und anderer Strafrechtskommentatoren[35]) beipflichten, daß für jeden Paragraphen aus seinem Wortlaute entnommen werden muß, ob Gemeingefahr erfordert wird, und daß aus der Einordnung eines Paragraphen unter die gemeingefährlichen Delikte an und für sich noch nichts in bezug auf das Tatbestandserfor-

---

33) E. Bd. 31, S. 180.

34) Frank, Das Strafgesetzbuch für das Deutsche Reich. Vorbem. I zum 27. Abschn. S. 590.

35) Vergl. Binding, Lehrbuch des gemeinen deutschen Strafrechts. Besonderer Teil Bd. 2 und Liszt, Lehrbuch des deutschen Strafrechts.

dernis der Gemeingefahr gefolgert werden darf. Seinem Wortlaute nach verlangt § 330 aber nur die Gefährdung „Anderer", also irgend eines wenn auch bestimmten Menschen, der nicht mit dem Täter identisch ist. Damit kann jede beliebige Person, bezugsweise Zahl von Personen, Objekt der Gefährdung sein, z. B. auch der Bauleiter, nämlich dann, wenn der Verstoß dem Ausführenden allein zur Last fällt, die Bauhandwerker und Arbeiter, ebensogut wie zufällige Passanten, die Bewohner der Nachbarhäuser und dergleichen, und der Tatbestand des § 330 erscheint gegeben, sobald auch nur eine einzige derartige Person durch einen Bauverstoß gefährdet wurde.

8. Die gefährdeten Rechtsgüter.

Als gefährdete Rechtsgüter kommen lediglich Leben und Gesundheit in Betracht, eine Sachgefährdung wird durch § 330 nicht getroffen. Die Motive zum Entwurfe des St. G. B.[36]) bemerken auf S. 73: „Wer einen Bau ohne die hierzu erforderliche Kenntnis unternimmt, setzt hierdurch Gesundheit und Leben Anderer leicht der erheblichsten Gefahr aus." Auch das Reichsgericht spricht in seinen Entscheidungen ausschließlich von „Leben und Gesundheit Anderer", so z. B. in den Urteilen vom 11. Februar 1882[37]) und vom 28. September 1895[38]). Endlich steht auch die Mehrzahl der Kommentatoren[39]) auf diesem Standpunkte und betont, daß Gefahr für das Eigentum hier ausgeschlossen sei.

Das Verbot der Gesundheitsgefährdung macht es der korrekten Bauführung zur Pflicht, auch die Vorschriften der modernen Hygiene streng zu beachten. So wurde z. B. ein Unternehmer auf Grund des § 330[40]) verurteilt, weil er sein Haus vor der ordnungsgemäßen Austrocknung verputzt hatte, so daß die Feuchtigkeit im Bau verblieb und Schwammbildung zur Folge hatte. Da nun Hausschwammsporen, wie feststeht, krankheitserregend wirken können, wurde in diesem Verstoße gegen die anerkannten Regeln der Baukunst eine Gesundheitsgefährdung der Hausbewohner erblickt.

---

36) Motive zum Strafgesetzbuch für den Norddeutschen Bund. S. 73.
37) E. Bd. 6, S. 129.
38) E. Bd. 27, S. 388.
39) Vergl Hälschner, S. 680, Anm. 3. — Schwarze, Komm. zum Strafgesetzbuch für das Deutsche Reich. S. 904. — Olshausen. S. 1353.
40) E. Bd. 27, S. 388.

9. Die Gefährdung.

Jemanden gefährden heißt, ihn wahrscheinlich einer Schädigung, einer Verletzung aussetzen, wobei sowohl die mehr oder minder große Wahrscheinlichkeit des Eintretens eines Ereignisses, wie auch sein schädlicher Charakter, unerläßliche Wesensmerkmale des Begriffes „Gefahr" bilden. Weder redet man nämlich von einer Gefahr, wenn der Eintritt eines Ereignisses unmöglich, noch aber, wenn er gewiß ist, er darf und muß eben wahrscheinlich sein.[41]) Wahrscheinlichkeit bedeutet nun, daß nach menschlicher Erfahrung und nach den Gesetzen des Kausalzusammenhanges in einer Handlung (bzw. Unterlassung) die voraussichtliche Ursache einer in der nächsten Zukunft liegenden Veränderung in der Außenwelt erblickt werden kann, welche in der Mehrzahl gleichgearteter Fälle erfahrungsgemäß eingetreten ist oder eintritt.[42])

Aus diesen Definitionen erhellt, daß bei § 330 schon die Wahrscheinlichkeit des Eintretens eines verletzenden Ereignisses als Folge eines Verstoßes gegen die allgemein anerkannten Regeln der Technik zur Bestrafung genügt und nicht die bereits vorhandene Verletzung verlangt wird, denn sonst hätte der Text des Gesetzes lauten müssen: „Wer durch Zuwiderhandeln gegen .... Leben und Gesundheit Anderer verletzt, wird .... bestraft."

In der Mehrzahl der praktischen Fälle wird die Feststellung einer vorliegenden Gefährdung keinerlei Schwierigkeiten bereiten, da Verstöße gegen die Regeln der Baukunst meistens erst durch den Eintritt des verletzenden Ereignisses

---

41) Vergl. v. Rohland, Die Gefahr im Strafrecht. S. 1.

42) Vergl. Bd. 4 der Zeitschrift für die gesamte Strafrechtswissenschaft: Siebenhaar, Der Begriff der Gemeingefährlichkeit und die gemeingefährlichen Delikte nach dem Reichsstrafgesetzbuch. S. 248.

zutage treten. Erst beim Forschen nach der Ursache eines erfolgten Einsturzes oder dergl. stößt man dann auf die strafbaren Handlungen bzw. Unterlassungen.

Schwieriger dagegen liegen die Verhältnisse in solchen Fällen, bei denen die Gefahr zwar nicht ausgelöst, in Wirklichkeit aber vorhanden ist, und die daher auch den Strafbestimmungen des § 330 unterliegen. Ein typisches Beispiel hierfür bietet folgender Fall[43]) aus der Praxis:

Fall I.

Bei der Rohbauabnahme eines Hauses wurde festgestellt, daß der Baumeister die Aufführung der Essen und die Herstellung der zwischen den einzelnen Stockwerken befindlichen Zwischenräume unter Abweichung von den baupolizeilich genehmigten Plänen so bewirkt hatte, daß die Gefahr der Entstehung eines Brandes, sowie dessen Verbreitung in die einzelnen selbständigen Teile des Gebäudes wesentlich erhöht wurde. Erkennt man nun an, daß unsere feuersicherheitlichen Baupolizeivorschriften den Niederschlag unserer bei Bränden gesammelten Erfahrungen und der aus Versuchen gewonnenen Kenntnis von der Feuersicherheit der einzelnen Baustoffe darstellen, so muß jeder Verstoß gegen diese Vorschriften als ein Zuwiderhandeln gegen die Regeln der Baukunst betrachtet werden. Und wenn ein solches Vergehen, wie im vorliegenden Falle, dadurch, daß es die Entstehung und Ausbreitung eines Brandes begünstigt, eine schwere Gefährdung der Hausbewohner zur Folge hat, dann sind die notwendigen Tatbestandsmerkmale für die Anwendbarkeit des § 330 gegeben. *Das tatsächliche Eintreten der Gefahr ist nämlich nicht notwendig, wenn es lediglich von rein äußeren Umständen abhängt, die mit der Tätigkeit der an der Bauausführung beteiligten Personen in keinerlei Zusammenhang stehen.* „Jenes Kausalitätsverhältnis," sagt das Reichsgericht, „zwischen der Verletzung der Bauregeln und der Gefährdung wird vielmehr für festgestellt zu achten sein, sobald bei ordnungs- und bestimmungsgemäßer Verwendung des hergestellten Bauwer-

43) E. Bd. 6, S. 129.

kes, infolge der begangenen Fehler, Leben und Gesundheit Anderer bedroht erscheinen. Es muß für den Tatbestand als bedeutungslos bezeichnet werden, ob, oder ob nicht, diese von der Tätigkeit des Bauleiters ganz unabhängige Verwendung bereits in das Leben getreten ist, und ob infolge des letzteren Umstandes bestimmte Personen als gefährdet bereits individuell bezeichnet werden können."

Wesentlich anders sind die Verhältnisse zu beurteilen, wenn zwar ein Verstoß gegen die Regeln der Baukunst vorliegt, wenn aber zum Entstehen der Gefahr noch weitere mit der Errichtung des Baues direkt im Zusammenhange stehende Handlungen notwendig sind. Auch dieser Fall wird am besten durch ein praktisches Beispiel[44]) illustriert.

Fall II.

Ein Bauunternehmer hatte die Fundierung eines dreistöckigen Wohnhauses fertiggestellt und auch bereits das Erdgeschoß aufgemauert. Alle Arbeiten waren jedoch liederlich und unsachgemäß ausgeführt. Die Fundamente waren nicht tief genug angelegt und reichten teilweise nicht auf tragfähigen Boden hinab, die Zwischenwände banden nicht ordnungsgemäß in die Außenmauern ein, die Brandmauern besaßen nicht die vorschriftsmäßige Stärke, und endlich war auch das verwendete Material, Mörtel und Steine, von äußerst schlechter Beschaffenheit. Infolgedessen wurde der Weiterbau als gefahrdrohend polizeilich inhibiert, und der Unternehmer von der Strafkammer des Landgerichtes auf Grund des § 330 bestraft. Das Reichsgericht hob dieses Urteil jedoch mit der Begründung auf, daß der Tatbestand des § 330 nicht gegeben sei. Zwar lag ein klarer Verstoß gegen die Regeln der Baukunst vor, und unzweifelhaft hätte der Weiterbau eine Gefährdung ergeben, *zum Eintreten der Gefahr war jedoch dieses Weiterbauen erforderlich*, der vorhandene Zustand barg noch keine Gefahr in sich. Und hierin erblickte das Reichsgericht einen Irrtum des ersten Richters, indem dieser die Gefahr nicht in dem Bau, wie er tatsächlich vorlag, sondern im Weiterbau fand, mithin in einer Handlung des Angeklagten, welche dieser zwar

[44]) E. Bd. 5, S. 254.

zweifellos beabsichtigt hatte, an deren Ausführung er aber durch polizeilichen Einspruch verhindert wurde. Es lag also lediglich der Versuch zu einer strafbaren Handlung vor, der nur dann strafbar ist, wenn das Gesetz dies ausdrücklich bestimmt[45]). Im § 330 ist jedoch nirgends davon die Rede, daß auch der Versuch schon strafbar sei.

Ein dritter Fall, der die Frage des Gefahrmomentes wieder von einer anderen Seite beleuchtet, ist folgender[46]):

Fall III.

G. hatte die ersten 15 Schichten eines schwerbelasteten Kellerpfeilers in unsachgemäßer Weise und unter Verwendung minderwertigen Materials hochgemauert, dann jedoch die Arbeit niedergelegt, so daß der Bau von einem Anderen fertiggestellt wurde. Infolge Nachgebens dieses schlecht gemauerten Kellerpfeilers stürzte der Neubau später zusammen, und G. wurde unter Anklage gestellt und verurteilt. In der Revision machte er jedoch zu seinen Gunsten geltend, daß die Gefahr erst durch den Weiterbau, bei dem er nicht beteiligt war, entstanden sei. Er zog also eine Parallele zwischen seinem Fall und dem im vorigen Beispiel angeführten. Das Reichsgericht verwarf jedoch die Revision und sagte in seiner Begründung: „Unter die Strafbestimmung des § 330 fallen auch solche Zuwiderhandlungen gegen die allgemein anerkannten Regeln der Baukunst, welche durch Vornahme von Einzelakten zur Herstellung des Bauwerks, durch fehlerhafte Ausführung von Einzelheiten oder Einzelteilen, die während des Baues begangen sind, so daß das Vergehen mit dem Zeitpunkte zur Vollendung gelangt, wo die Ausführung dieser Einzelteile eine Gefahr zur Entstehung gebracht hat. Im vorliegenden Falle trat letzteres ein, als bei der Fortführung des Baues die Belastung des Kellerpfeilers wegen seiner mangelhaften Beschaffenheit eine zu große wurde und deshalb die Gefahr eines Zusammenbruches entstand, denn zu diesem Zeitpunkte bestand nach den Urteilsfeststellungen der durch den Angeklagten verschuldete, regelwidrige Zustand des einen wesentlichen Bestandteil des Bauwerkes bildenden

---

45) Vergl. § 43 St. G. B. Abs. 2.
46) Goldt. A. Bd. 53, S. 440.

Kellerpfeilers, und dieser begründete die Gefahr, indem er dem Gesamtwerke die erforderliche Festigkeit benahm. Es ist somit nicht erst d u r c h den ohne Mitwirkung des Angeklagten ausgeführten Weiterbau die Gefahr für Andere zur Entstehung gelangt, sondern b e i dem Weiterbau, aber d u r c h die vom Angeklagten regelwidrig ausgeführte Mauerarbeit an dem Kellerpfeiler, und da dieser einzig und allein zu diesem Zwecke gemauert worden ist, damit er bei dem Neubau Verwendung finden, einen Bestandteil desselben bilden sollte, so ist der Umstand, daß Angeklagter demnächst bei dem Weiterbau nicht mehr mitgewirkt hat, nicht geeignet, ihn von seiner Verantwortlichkeit zu befreien."

Der sich aus disen Entscheidungen ergebende Gedankengang des obersten Gerichtshofes wird am besten wieder durch einen konstruierten, praktischen Fall klargestellt. Ein Baupolizeibeamter sieht bei einer Revision, wie gerade ein schwerer, eiserner Träger ohne die erforderlichen Unterlagsplatten direkt auf einfaches Ziegelmauerwerk verlegt wird. Im augenblicklichen Zustande ist das Ziegelmauerwerk noch in der Lage, den Auflagedruck des Trägers aufzunehmen, da außer dem Eigengewichte sonstige Belastungen vorläufig fehlen. Zweifelsohne ist jedoch, daß bei der Weiterführung und der späteren Inbetriebnahme des Gebäudes die vergessenen Unterlagsplatten eine erhebliche Gefahrquelle für die Standsicherheit des Bauwerkes bilden werden, da das Ziegelmauerwerk den Auflagerdruck des vollbelasteten Trägers nicht mehr wird aushalten können. Dieses Beispiel deckt sich mit Fall II, d. h. der Tatbestand reicht zur Verurteilung des Bauleiters n i c h t aus, denn wenn auch ein Verstoß gegen die Regeln der Baukunst unzweifelhaft vorliegt, so bedingt er im Augenblick doch noch keine Gefahr; diese würde vielmehr erst d u r c h den Weiterbau entstehen, also durch Handlungen, die mit der Tätigkeit der an der Bauausführung beteiligten Personen in engstem Zusammenhange stehen.

Für Fall III müßte dieses Beispiel folgendermaßen abgeändert werden: Ein Kunststeinfabrikant erhält den Auftrag, Widerlagsteine für schwere Träger anzufertigen, anzuliefern und s e l b s t z u v e r s e t z e n. Er entledigt sich seines Auftrages, baut aber einen fehlerhaften Stein ein, der infolge irgend eines Versehens bei der Mischung oder beim

Einstampfen in erkennbarer Weise nur geringe Druckfestigkeit besitzt. Beim Weiterbau wird dieser fehlerhafte Auflagerstein infolge zu hoher Belastung die Ursache einer Katastrophe, und es entsteht die Frage, ob sich der Kunststeinfabrikant nach § 330 schuldig gemacht hat oder nicht. Bei oberflächlicher Beurteilung der Sachlage könnte man folgern, daß mit dem Anliefern und Versetzen der Steine seine Tätigkeit beendet war, und daß ohne sein Zutun, erst infolge des Weiterbaues und der dabei eingetretenen hohen Belastungen, der Stein zu Bruche gegangen und der Einsturz erfolgt sei. Trotzdem wird jeder sofort erkennen, daß hier ein offensichtliches Verschulden des Kunststeinfabrikanten vorliegt, und daß sich dieses Beispiel genau mit Fall III deckt, bloß daß das Schuldmoment klarer zum Ausdruck kommt. Es handelt sich hier um die charakteristische Gefährdung durch Vornahme von Einzelakten zur Herstellung eines Baues, und das Vergehen gilt in dem Augenblicke als begangen, in welchem die Gefahr zur Entstehung gebracht wurde. Notwendig ist natürlich, daß der Fabrikant die Auflagersteine eigens zu dem Zwecke geliefert hat, um beim Bau in der angegebenen Weise Verwendung zu finden, und sie auch selber eingebaut hat, also tatsächlich an der Ausführung des Baues beteiligt war. Hätte der Bauunternehmer dagegen von irgend einer Firma Kunststeine gekauft, ohne bestimmte Bedingungen in bezug auf die Eigenschaften der Steine zu stellen, und hätte sie nachher als Widerlager für Träger verwendet, dann würde die Firma natürlich kein Verschulden treffen, sondern Pflicht des Unternehmers wäre es gewesen, sich vor dem Einbau von der Eignung der Steine zu dem vorgesehenen Zwecke zu überzeugen.

Auf Grund der vorstehenden Ausführungen wird sich nunmehr stets feststellen lassen, ob der Tatbestand des § 330 vorliegt oder nicht. Ist eine Gefährdung bereits eingetreten, dann haben Sachverständige festzustellen, ob und durch welchen Verstoß gegen die Regeln der Baukunst die Katastrophe entstand. Die Strafe trifft dann immer denjenigen, der den Fehler begangen und die Gefahr verursacht hat, gleichviel ob sich seine Tätigkeit in der Vornahme eines Einzelaktes während der Bauausführung erschöpfte oder sich über die gesamte Bauzeit erstreckt hat.

Wird dagegen lediglich ein Verstoß gegen die Bauregeln festgesteslIt, ohne daß eine Gefährdung eingetreten ist, dann haben die Gutachter darüber zu befinden, ob bei ordnungs- und bestimmungsgemäßer Benutzung des Baues in dem augenblicklichen Zustande Leben und Gesundheit von Menschen in Gefahr wäre. Nur wenn die Richter zur Bejahung dieser Frage gelangen, ist der Tatbestand des § 330 gegeben und kann eine Bestrafung erfolgen.

Die bisher behandelten Fälle charakterisieren sich dadurch, daß die fahrlässig oder vorsätzlich begangenen Verstöße durch Dritte entdeckt wurden, bzw. sich durch ihre gefährlichen Folgen bemerkbar machten. Es ist jedoch auch denkbar, daß dem Täter selbst ein begangener Fehler zum Bewußtsein kommt und er die zur Abwendung der drohenden Gefahr notwendigen Vorkehrungen trifft. Auch ein solcher Fall, der besonders für die modernen Bauweisen von hoher praktischer Bedeutung ist, soll an Hand einer Reichsgerichtsentscheidung näher erläutert werden[47]).

Fall IV.

Ein tragender Bogen war zu schwach und auch unvorschriftsmäßig in verlängertem Zementmörtel gemauert worden und erhielt infolgedessen beim Weiterbau starke Risse. Ein Einsturz war vor der Hand nicht zu befürchten, da das Gewölbe vorläufig durch das Lehrgerüst gestützt wurde. Die Bauleiter A. und F. erkannten die drohende Gefahr, erwogen auch das Einziehen eines Trägers und die Ausführung eines Entlastungsbogens, wollten ihren endgültigen Entschluß jedoch von dem Ausfall einer Belastungsprobe abhängig machen. Die am Baue beschäftigten Handwerker und Arbeiter wurden strengstens angewiesen, das Lehrgerüst stehen zu lassen. Nachdem das Mauerwerk abgebunden und infolge des Weiterbaues auch genügende Auflast vorhanden war, ließen die Bauleiter zunächst die Keile des Lehrgerüstes lockern, so daß es sich um 2 Zentimeter senkte; nach 2 Tagen lag der Bogen wieder auf der Schalung auf. Nunmehr ließen A. und F. sämtliche Arbeiter zurücktreten und stießen mit Hilfe langer Stangen, so daß sie selbst ebenfalls in Sicher-

---

[47]) E. Bd. 31, S. 180.

heit waren, das Lehrgerüst unter dem Bogen fort. Mit der Entfernung der letzten Steife stürzte das Mauerwerk zusammen, ohne daß dank der getroffenen Vorsichtsmaßregeln Leute hierbei zu Schaden gekommen wären.

Auf Grund dieses Tatbestandes wurden die Bauleiter nach § 330 St. G. B. vom ersten Richter verurteilt, indem eine Gefahr für Andere daraus hergeleitet wurde, daß die Wahrscheinlichkeit eines Einsturzes des Bogens „nach der ordnungsgemäßen Entfernung der sogenannten Lehrbögen" vorlag. Der Einwand der Angeklagten, sie hätten beide die geeigneten Maßnahmen zur Verhütung der Gefahr getroffen, wurde in der Erwägung zurückgewiesen, „es sei nicht erforderlich, daß die gefahrbringende Eigenschaft des Bauwerkes sofort mit der Vollendung wirksam werde, und es sei unerheblich, ob die gefährdende Eigenschaft, bzw. die ganze Baulichkeit durch spätere Maßregeln sich wieder hätte beseitigen lassen und dies evtl. ins Auge gefaßt gewesen wäre; als Gefahr sei es begrifflich nicht anzusehen, wenn eine üble Folge eintreten müsse, sondern nur, wenn ihr Eintritt wahrscheinlich sei und dies sei hier der Fall gewesen."

Diesem Gedankengange konnte sich der oberste Gerichtshof nicht anschließen, und er hob daher die erfolgte Verurteilung mit folgender Begründung wieder auf: „Zum Begriffe einer existenten Gefahr gehört es, daß sie in der Gegenwart vorhanden sei. Von einer solchen gegenwärtigen Gefahr im Gegensatze zu einer erst in Zukunft eintretenden kann aber da nicht gesprochen werden, wo der im Zeitpunkte der angeblichen Begehung der Tat vorliegende Zustand niemand gefährdete, vielmehr ein schädigendes Ereignis erst beim Eintritte weiterer Umstände zu gewärtigen war, solcher Eintritt aber vom Willen desjenigen, der den Bau leitete oder ausführte, abhängig, und dieser Bauleiter ihn zu verhindern willens und imstande war, auch dementsprechende Maßregeln traf."

Die Reichsgerichtsentscheidung besagt also ganz allgemein, daß die Gefahr tatsächlich vorhanden sein muß (höchstens darf zu ihrer Auslösung noch die bestimmungsgemäße Verwendung ausstehen; vergl. Fall I), sie gilt im Sinne des § 330 jedoch nicht als vorliegend, wenn zu ihrem Eintritte noch Handlungen desjenigen, der den Bau leitet oder ausführt, notwendig sind. Denn stets wird es wohl im Vermögen der am Bau beteiligten Personen liegen, die noch ausstehenden Handlungen so einzurichten, daß eine tatsächliche Gefährdung vermieden wird, und ehe eine Bestrafung stattfinden kann, muß billigerweise erst der Verlauf dieser Handlungen abgewartet werden.

Diese durch das Reichsgerichtsurteil geschaffene Rechtsansicht ist von höchster praktischer Bedeutung für den modernen Eisenbetonbau, denn gerade hier kommt es häufig vor, daß Fehler in der Konstruktion oder in der Ausführung erst beim Ausrüsten des Bauwerkes bemerkt werden. Geschieht die Ausschalung in vorsichtig sachgemäßer Weise, dann lassen sich Katastrophen wohl stets vermeiden, und eine Bestrafung der beteiligten Personen findet nicht statt. Bleibt aber die bei der Ausrüstung notwendige Aufmerksamkeit außer acht, dann müssen die Schuldigen billigerweise auch die Konsequenzen tragen.

10. Verjährung.

§ 67 St. G. B. lautet: „Die Strafverfolgung von Vergehen, die im Höchstbetrage von einer längeren als dreimonatigen Gefängnisstrafe bedroht sind, verjährt in 5 Jahren. Die Verjährung beginnt mit dem Tage, an welchem die Handlung begangen ist ohne Rücksicht auf den Zeitpunkt des eingetretenen Erfolges." Danach verjähren die durch § 330 gekennzeichneten Vergehen nach 5 Jahren, gerechnet vom Tage des Begehens der strafbaren Handlung.

Im allgemeinen dürfte die Frage der Verjährung wenig praktische Bedeutung für § 330 besitzen, denn in der Regel wird jeder Verstoß gegen die anerkannten Regeln der Technik infolge seiner gefährlichen Folgen innerhalb der 5 jährigen Frist zutagetreten und gerichtlicherseits geahndet sein. Es sind jedoch auch Ausnahmefälle denkbar. Wie wir vorhin sahen, macht sich z. B. ein Baumeister strafbar, dessen Rohbau bei der Abnahme eine derartig regelwidrige Ausführung der Feuerungsanlagen zeigt, daß eine Gefährdung der späteren Bewohner durch naheliegende Brandgefahr wahrscheinlich wird. Nun ist es denkbar, daß dieser Verstoß gegen die Regeln der Baukunst bei der Rohbauabnahme übersehen wird und erst Jahre danach bei einem Brande zum Vorschein kommt. Kann dann der Baumeister, selbst wenn seit der Fertigstellung des Hauses bereits 5 Jahre verstrichen sein sollten, noch bestraft werden oder nicht? Die Frage ist also die: wann ist die Handlung „begangen" im Sinne des § 67?

Derartige Fälle haben die Gerichte verschiedentlich beschäftigt und manche Richter glaubten, die Frage der Verjährung verneinen zu müssen, indem sie das Vergehen erst im Augenblicke des eingetretenen Schadens als begangen ansahen. Das Reichsgericht steht jedoch in ständiger Rechtsprechung[48]) auf dem Standpunkte, daß die Verjährung mit dem Tage beginne, an welchem der Tatbestand des § 330 gegeben war, d. h. also — soweit nicht schon früher eine Gefährdung der Bauarbeiter oder der Passanten eintritt —, regelmäßig mit der Rohbauabnahme, spätestens jedoch mit der Inbetriebnahme des Bauwerkes. Dieser Standpunkt ist durchaus einleuchtend, denn logischerweise muß die Verjährung mit dem Tage beginnen, an welchem die Strafe verwirkt war, und wie wir vorhin sahen, kann bei gewissen Verstößen gegen Regeln der Baukunst eine Bestrafung bereits bei der Rohbauabnahme erfolgen, selbst wenn zu diesem Zeitpunkte eine tatsächliche Gefährdung noch nicht eingetreten war. Bei der Frage der Verjährung ist einfach festzustellen, ob bereits bei der Rohbauabnahme oder bei der Gebrauchsabnahme oder schon früher eine Bestrafung hätte erfolgen können, wenn der Verstoß gegen die Regeln der Baukunst damals entdeckt worden wäre. Ist diese Frage zu bejahen, dann muß die Verjährungsfrist auch von dem betreffenden Tage ab gerechnet werden.

Es ist auch nicht angängig, die Verjährungsfrist etwa schon am Tage der Begehung des Verstoßes beginnen zu lassen, denn zu diesem Zeitpunkte hätte meistens eine Bestrafung noch nicht erfolgen können, weil der Bau in dem dann befindlichen Zustande noch keine Gefahr für Andere in sich barg. Wann jedoch dieser Moment eintrat, wird sich später mit Sicherheit kaum jemals feststellen lassen, sofern die Gefahr nicht tatsächlich ausgelöst wurde. Unzweifelhaft ist aber, daß zur Zeit der Rohbau- bzw. Gebrauchsabnahme die Gefährdungsmöglichkeit wohl stets vorhanden, der Tatbestand des § 330 also gegeben sein wird, und es ist daher nur logisch, die Verjährungsfrist im Zweifel mit diesem Tage beginnen zu lassen.

Sollte aus irgend welchen zufalligen Umständen die Rohbau- bzw. Gebrauchsabnahme unterblieben sein, dann ist die Verjährungsfrist spätestens vom Tage der tatsächlichen Ingebrauchnahme des Baues an zu rechnen.

---

48) Vergl. E. Bd. 9, S. 152 und Bd. 25, S. 261.

11. Schlußwort.

Ueber den Sinn des Strafgesetzes herrschen, wie wir gesehen haben, verschiedene Ansichten. Zu welcher Theorie man sich jedoch immer bekennen mag, die Aufgabe des § 330 wird niemand mit der Bestrafung der Schuldigen als erfüllt ansehen. Wie schon aus den früher zitierten Motiven hervorgeht, soll diese Gesetzesvorschrift im Interesse der öffentlichen Sicherheit das Verantwortlichkeitsgefühl der Fachkreise stärken und die Baugewerbler zur Sorgfalt bei der Ausübung ihres Berufes anhalten, denn Leben und Gesundheit der Bürger sind ihnen ständig preisgegeben.

Zu diesem Zwecke ist § 330 seinerzeit geschaffen worden, die von ihm erhoffte, segensreiche Schutzwirkung wird sich jedoch nur bei klarer und eindeutiger Gesetzesauslegung einstellen. In der vorliegenden Form aber bietet der Paragraph wegen seiner kurzen und mißverständlichen Wortfassung der Auslegung große Schwierigkeiten, die noch gesteigert werden durch die grundlegenden Umwälzungen, welche das Bauwesen seit Erlaß der gesetzlichen Bestimmung erfahren hat. Die Rechtsprechung der Gerichte bewegt sich zwar in ziemlich einheitlichen Bahnen, aber speziell in diesem Falle genügt es nicht, daß die Richter zu einer klaren Gesetzesauslegung befähigt sind, auch im Bewußtsein der Techniker muß die durch § 330 geschaffene Rechtslage ein scharf umrissenes Bild annehmen, damit durch eingehende Aufklärung der Fachkreise Verstöße gegen die Regeln der Baukunst immer seltener werden.

Der angestrebte Erfolg bleibt aber solange unsicher, als noch Zweifel über die Auslegung bestehen können, und daß zurzeit solche Zweifel möglich sind, ist zu zeigen versucht worden. Gerade jetzt, wo die Vorbereitungen zu einem neuen Strafgesetzbuche im Gange sind, muß seitens der Techniker mit allem Nachdruck auf die bestehenden Mängel hingewiesen werden. Jedenfalls dürfte es keineswegs genügen, daß, wie im Vorentwurfe zum neuen St. G. B. in Aussicht genommen, auch die fahrlässige Begehbarkeit des Delikts betont und der „Abbruch eines Baues" ausdrücklich der Leitung oder Ausführung gleichgestellt wird. Vor allen Dingen müßte das allzu unbestimmte Wort „Bau" vermieden und zum mindesten durch „Hoch- und Tiefbau, einschließlich der dazu gehörenden Vor- und Nebenarbeiten" ersetzt werden. Ferner dürfte es sich empfehlen, den Geltungsbereich des § 330 nicht auf die bei der Leitung und Ausführung von Bauten beteiligten Personen zu beschränken, sondern ganz allgemein alle diejenigen mit einzubeziehen, welche überhaupt am Bau mitwirken. Dann wären z. B. die Projekteure ohne weiteres mit inbegriffen.

Zu erwägen wäre auch, ob bei dem Begriffe der allgemein anerkannten Regeln der Technik das „allgemein anerkannt" nicht besser fort bliebe. Die „Regeln der Technik" wären dann gleichbedeutend mit dem augenblicklichen Stande der Wissenschaft, und dieser läßt sich stets mit einiger Sicherheit feststellen. Dadurch würde allerdings § 330 eine schärfere Form annehmen, aber er würde dann auch seiner oben gekennzeichneten Aufgabe eher gerecht werden können. Schließlich ist es kein unbilliges Verlangen, daß ein jeder, der sich im Baufache betätigt, auch über diejenigen Kenntnisse verfügt, die dem augenblicklichen Stande der Wissenschaft entsprechen. Die notwendige Folge hiervon wäre allerdings, daß beim Aufkommen neuer Bauweisen diese zunächst auf den kleinen Kreis der damit vertrauten Fachleute beschränkt blieben und erst allmählich, bei Erweiterung dieses Kreises, Allgemeingut würden. Diese Folgen wären aber nicht zu befürchten, sondern ihrer großen technischen und wirtschaftlichen Vorteile wegen lebhaft zu begrüßen. Wie ist z. B. der Eisenbetonbau in den ersten Jahrzehnten seiner Entwicklung durch das Hineinpfuschen Unberufener in Mißkredit gebracht worden, und wie hat heute noch die gesamte Industrie unter dem sinnlosen Wettbewerb von Nichtfachleuten zu leiden. Solche Zustände könnten in Zukunft durch schärfere Fassung und durch rücksichtslose Anwendung des

§ 330 wenigstens bis zu einem gewissen Grade vermieden werden.

Aus alledem ergibt sich nunmehr folgender Vorschlag für die zukünftige Fassung des § 330:

Wer durch Mitwirkung an der Errichtung, Abänderung, Ausbesserung oder an dem Abbruch von Hoch- und Tiefbauten aller Art, einschließlich der dazu gehörenden Vor- und Nebenarbeiten, Andere infolge Verstoßes gegen die Regeln der Technik gefährdet, wird mit Geldstrafe bis zu neunhundert Mark oder mit Gefängnis bis zu einem Jahre bestraft.